云南省传承发展中华优秀传统文化丛书

雲南文庫

大家文丛

《传承发展中华优秀传统文化
云南文库·大家文丛》编委会

云南文库

大家文丛

中共云南省委宣传部　编

南荒内外

李拂一◎著

云南人民出版社

图书在版编目（CIP）数据

南荒内外 / 李拂一著． -- 昆明 ： 云南人民出版社，
2023.12
（云南文库．大家文丛）
ISBN 978-7-222-22383-7

Ⅰ．①南… Ⅱ．①李… Ⅲ．①西双版纳－地方史
Ⅳ．①K297.42

中国国家版本馆CIP数据核字（2024）第006451号

项目指导：殷筱钊　尚　语
统筹编辑：马维聪
责任编辑：陶汝昌
责任校对：董　毅　欧　燕
责任印制：代隆参
装帧设计：陶汝昌　刘　雨

大家文丛

南荒内外
NANHUANG NEIWAI
李拂一　著

出　版　云南人民出版社
发　行　云南人民出版社
社　址　昆明市环城西路609号
邮　编　650034
网　址　www.ynpph.com.cn
E-mail　ynrms@sina.com
开　本　720mm×1010mm　1/16
印　张　9.75
字　数　140千
版　次　2023年12月第1版
印　次　2023年12月第1次印刷
印　刷　云南出版印刷集团有限责任公司华印分公司
书　号　ISBN 978-7-222-22383-7
定　价　55.00元

如需购买图书、反馈意见，请与我社联系
总编室：0871-64109126　发行部：0871-64108507
审校部：0871-64164626　印制部：0871-64191534

云南人民出版社微信公众号

前　言

习近平总书记指出："文化是一个国家、一个民族的灵魂。""只有全面深入了解中华文明的历史，才能更有效地推动中华优秀传统文化创造性转化、创新性发展，更有力地推进中国特色社会主义文化建设，建设中华民族现代文明。"习近平文化思想，明体达用，体用贯通，博大精深，为我们在新的起点上继续推进文化繁荣、建设文化强国、建设中华民族现代文明指明了前进方向。

中华文明延续着我们国家和民族的精神血脉。在中华文化版图上，地方文化各具特色，丰富多彩。云南是人类最早的发祥地之一，历史悠久，文化富集。千百年来，云南人民用自己的辛劳和智慧，守护祖国边疆，建设美丽家园，创造了丰富多样的地方文化。历经社会变迁、民族融合、文化认同，云岭大地钟灵毓秀，星光灿烂，诞生了无数杰出人物，涌现了诸多名家大师，产出了大批传世经典，为云南文化发展做出了卓越贡献。

云南有优良的学术文化传统。中原文化很早就在这里传播，大量的汉文典籍源源不断传入并积淀，成为云南文化的根基与传统。而地方、民族与边疆文化的诸多特色亦在云南文献中得以彰显。就地方特色而言，编史修志从来都是文化盛业，成绩斐然。文献、专著、文集不断被创制和保存，民国时期辑刻的《云南丛书》，“初编”“二编”即达205种1631卷及不分卷的50册。其后更有数以万计的图书文献问世。从民族特色来说，云南民族众多，“三交”历史悠久，民族文化丰富多彩，傣族的贝叶文献、彝族的毕摩文献、纳西族的东巴文献、藏族文献、白族文献等，早已产生了广泛影响，是中华民族共同的文化财富。就边疆特色来看，记载或论述边地、边境、边界、边民、边防及边贸等内容丰富的边疆文献，种类多、价值高，历来都受到重视。

文化关乎国本、国运。盛世兴文，赓续文脉。习近平总书记两次考察云南，都对文化建设作出重要指示。云南省组织编辑出版一套具有文化保存与传承价值的大型学术文献丛书——《云南文库》，旨在传承中华典籍，弘扬滇云文化，砥砺三迤后人，昌明云岭学术。《云南文库》分为三个系列：一是《当代云南社会科学百人百部优秀学术著作丛书》，收录中华人民共和国成立后出生的年轻一代云南学者的优秀作品。二是《学术名家文丛》，收录辛亥革命至中华人民共和国成立前出生的云南学术名家的代表之作。三是《大家文丛》，收录辛亥革命以前出生的云南学术大家的传世著作。前面两个系列业已出版发行。

当前，在新的历史起点上，以习近平文化思想和习近平总书记关于铸牢中华民族共同体意识等重要论述为根本遵循，组织实施《传承发展中华优秀传统文化　云南文库·大家文丛》编纂出版，是站位中华现代文明、践行新时代文化使命、推进文化强省建设、深入实施“文化兴滇”行动的积极探索，对于坚定文化自信、建设中华民族现代文明，具有重大现实意义。

编纂《传承发展中华优秀传统文化　云南文库·大家文

丛》，是承传云南学术文化，保存云南记忆的基础性文化工程。从古至今，云岭大地孕育了诸多硕学鸿儒、名家大师、文化先贤，可谓星光灿烂。长久以来，红土高原产生了大批思想深邃、智慧非凡的传世经典，蔚为大观，逐渐形成了具有云南自身特点的学术特色与知识谱系。今天，我们拾起历史长河中的明珠，拂去历史典籍的蒙尘，重新整理和展示云南学术史上的高峰之作，就是为了重构云南地方知识与文化，增强传统文化区域性叙事中存在的精神感召力，传承和弘扬地方优秀民族文化，以滇云文化和云南记忆，填充中华民族共同体的文化版图。

编纂《传承发展中华优秀传统文化　云南文库·大家文丛》，是打造云南文化品牌、增强文化自信的重要举措。云南悠久的历史文化、光荣的红色文化、多彩的民族文化、独特的生态文化，是中华文化百花园的重要组成部分。以云南学术大家及其皇皇巨著为承载的云南文化，是云南社会发展的文化源泉，是云南人民的智慧结晶。编纂本丛书，是为了回归滇云文化的本源，筑牢文化自信的根基，为更多的人了解云南搭建平台，为研究云南构筑载体，为发展云南提供借鉴，在更高层次和更宽领域传扬云南文化精神，打造云南文化品牌。

编纂《传承发展中华优秀传统文化　云南文库·大家文丛》，是弘扬优秀传统文化，促进文化繁荣兴盛的根本保证。2023年6月，习近平总书记在中国国家版本馆考察调研时叮嘱大家："我最关心的就是中华民族历尽沧桑留下的最宝贵的东西。中华民族的一些典籍在岁月侵蚀中已经失去了不少，留下来的这些瑰宝一定要千方百计呵护好、珍惜好，把我们这个世界上唯一没有中断的文明继续传承下去。"这是全体中华儿女光荣而神圣的责任。我们将努力以编纂《传承发展中华优秀传统文化　云南文库·大家文丛》等文化精品为契机，继承中华优秀文化传统，发挥地域优势，突出地方特色，提高格局站位，积极推动学术创新，努力创造更多优秀学术成果和文化精品，整理出版经典文献，让典籍里的文字活起来，用优秀传统文化及滇云文化涵养各族人民，助力云南跨越式发展。

《传承发展中华优秀传统文化　云南文库·大家文丛》的编纂出版，凝聚着先哲大家的心血和智慧，离不开今贤同仁的奉献与付出。省委宣传部精心组织，省社科联、省文史馆、云南大学、省图书馆、云南人民出版社等相关单位和参与整理编校的专家学者不辞辛劳，通力协作，玉成丛书。翰墨流芳，文化永续。在此，向所有的参与者表示崇高的敬意和衷心的感谢。《传承发展中华优秀传统文化　云南文库·大家文丛》是《云南文库》的压轴之作，从构思到付梓，离不开广大读者和社会各界人士的支持，在此谨致谢忱。

文化建设没有终点。希望社会各界继续支持《传承发展中华优秀传统文化　云南文库·大家文丛》的编纂出版工作，欢迎各方有识之士积极参与到云南文化建设的伟业中来。

《传承发展中华优秀传统文化
云南文库·大家文丛》编委会
2023年12月

出版说明

原书1978年由台湾复仁书屋初版，2004增编再版，此次本社出版依据2004年增编版，所做编辑工作主要有：1. 将原书繁体竖排改为简体横排；2. 对原书中各种姓氏译名、各种地理译名、历史名物予以保留，原本中的汉字数字不予变更，部分涉及政治立场的文字做了技术处理，尽可能不作删改；3. 由于本书文字立意取向、观点有时代烙印，尚请读者鉴别。尤其要指出的是李拂一先生急公好义，遗训将其著述所得微薄贡献于教育文化、地方事业，其文章其事功其志业将永资后人骥尾借鉴。

目　　录

南荒内外　卷一

南荒内外　续编

南荒内外
卷　一

遮顶之乱与十二版纳之设流

清宣统间，曾震撼滇南思普区之遮顶乱事，其因素虽多，而猛海土弁之争袭，实为其唯一之导火线。十二版纳各猛土职之承袭，就地方历来惯例，用长举贤两法并行。猛海原属小邑，雍正间，其先有叭竜版纳者，以功授土便委职，以后子孙世代顶充。同治初，其旁枝有诏香（亦称叭先竜，年老时称诏雅竜焘）者，为地方所拥戴，获袭世职。白旗下坝[①]，元江他郎、宁洱、威远及思茅一带汉土居民，避难至猛海者众，诏香安辑流亡，令皆得所[②]。极尽贤劳，深得民心。年七十，禅位于其嫡长子诏雅洪。诏香于禅位后十余年弃世。临终遗嘱："后世子孙，不可因争袭生内讧，致骨肉残破。"诏香死后，地方议事庭长"诏冠"，汉语称为二官者，渐揽权势。逮诏雅洪死，土便委一职，遂为二官所把持。诏雅洪遗有二子，长子诏雅合及三子诏腊（次子诏光早死）。另一异母弟曰刀柱国（泐名诏雅迈，小名诏蕴），均不获预问地方事，柱国叔侄等憾之。后因二官为贪取一孟艮摆夷赌棍之贿赂卢比五百盾，准其在猛海地面放赌抽头，致各村寨头目及人民等，多被盘剥，舆论哗然，咸不直二官之所为。于是柱国叔侄，乃乘机纠

① 即指杜文秀起义。以其旗帜尚白，故曰白旗。白旗下坝者，即指杜党扰及元、墨、思、普一带而言。

② 现定居于佛海、葩官、葩盆、贺南一带山头之老汉人以及黑龙塘部分阿卡人即斯时得诏香之助，为所安辑定居者。后杜文秀失败，其残部之逃到猛海者，亦被安置于蛮峦、蛮赛二村。

集人民，攻杀二官，并灭其族。二官既灭，按支派当属诏雅合，但雅合自少即染嗜好，众意不属，而公推其叔刀柱国承袭。推举既定，柱国亦虑雅合不怿，乃划猛海最富出息之苏岵黑龙塘一带为其食采邑，初亦叔侄相安。光绪末年，柱国赴缅朝佛，将土司事务，权付雅合，于是不满柱国者，遂从而挑拨之。谓土职当属雅合，柱国不应夺其世袭。有为雅合主张，他日柱国归来，勿须交还土务者；更有为雅合策划，密遣心腹，预伏要途以待柱国归而邀杀之者。雅合终以祖父遗言在耳，不忍出此，柱国朝佛归来，仍将土务交还料理。柱国寻悉有奸人鼓动，为免意外，乃随时暗中防范。旋六顺土舍王光熙、王佩坤及猛往土便委刀继美，衔六顺土把总刀继善之命，至猛遮说刀正经绝车里之婚约[①]，并暗召诏雅合、诏腊兄弟往猛遮共谋逐柱国，拥雅合为猛海土便委，置猛海于猛遮势力范围，期削弱宣慰使势力，而别有企图焉。

六顺土把总刀继善，其先乃玉溪东山汉族王氏，自言为中原人，先世随沐英来滇，任军职，后入赘刀氏，刀氏衰微，遂获承袭土司世职。今全族仍王姓，仅承袭土职之一人，为应付官方，乃冒刀氏。所居接近汉地，土司家族，兼通汉土语文，与汉官交往素密，洞悉官方情弊。勿论大小汉官过江有所公干，皆仰赖其为乡导并派充舌人。汉官多不谙夷情，不通夷语；而土人亦多不识官方情形，汉官语文，其中不无故为轻重颠倒，以遂其私图者。凡经由六顺土司派充舌人处理之边事，每于事后横生枝节焉。六顺土司以车里宣慰使刀承恩庸懦无能，不得民心，积日渐久，遂萌取代之念，因勾结强大之猛遮千总，以为应用。猛遮土千总刀正经以职位较高，且有兼管八猛[②]之权，辖地既广，民物众庶，不满于宣慰使刀承恩之所为，互以兵戎相见者，已不止一次；对宣慰一职，时思有所去取，以遂其称雄十二版纳之野

① 光绪二十六年车里与猛遮之衅，普洱镇总兵高德元莅临查办，勒令具结敦好，并主持将刀承恩之四女孟室利挽那许字刀正经之长子刀忠良。六顺派人说猛遮绝车里婚约即指此。

② 八猛指猛滘、猛海、猛阿、景真（顶真）、猛满、猛昂朗坴、景洛、猛康。

心，遂亦乐与周旋，互相利用。刀正经有一得力心腹大头目曰叭康亮者，最称剽悍，复多智谋，猛遮土务，多所取决于彼，正经依之如左右手焉。叭康亮与六顺土司经常狼狈为虐之事，各方皆啧有烦言。光绪二十六年，车里与猛遮之衅，后经普洱镇总兵高德元查明，将叭康亮加以革斥示惩，然未能慑服其心，亦未能夺刀正经对彼之信任也。彼时猛滑土便委，忽被人暗杀绝嗣，六顺土把总刀继善，命其弟刀继美、土舍王光熙、王佩坤等莅猛遮，央刀正经致函猛滑，授意猛滑人民，迎刀继美往主猛滑土务，俾伸其势力深入至江外，以为将来争夺车里宣慰之一着闲棋。六顺势大难与，素为猛滑所惧，乃回信拒绝，声称猛滑人民，足可自治，勿迎立土司之必要，继美得书，大为愧恨。斯时主持猛滑地方事务者，为刀柱国外戚，遂迁怒于柱国，因此乃有怂恿猛遮千总，暗召诏雅合、诏腊兄弟前往猛遮共谋攻逐柱国之举。幸此事为柱国所侦悉，多方安抚雅合兄弟，阻其勿往，其事方寝。后因诏雅合之弟诏腊前往猛遮借谷，拟售作建屋之需。猛遮土千总刀正经乃嗾其赶返猛海，迫雅合即起兵攻逐柱国，为言若夺回世职，自勿虑区区建屋之费。诏腊心动，归迫其兄，告以刀正经愿为鼎力，助成大事，并已饬叭康亮完成准备，随时可资调度等语。雅合一时竟为所惑，掀然大波，于焉遂起！

当事变之前，外间即颇有流言，人心惶惶，猛海大佛寺总主僧[1]，为安定地方、避免生灵涂炭起见，曾为之调处，以教主地位，命刀柱国、诏雅合及诏腊叔侄三人，于佛前盟誓，以后应和衷共济，不得别生异心，涂炭生灵。殊未及一街之期[2]，诏雅合、诏腊兄弟二人，竟伙同叭蛮兴、叭乃蛮真及各寨不逞之徒，会合叭康亮，于夤夜突袭刀柱国于其土署。柱国因已随时提防，闻变，急由展楼跳出，漏夜奔猛滑，时宣统元年二月初一日也。猛滑本柱国外戚，柱国在猛滑部署月余，纠合逃亡，并得汉商之助，乘雅合兄弟不备，大举袭猛海，雅

① 此方汉人俗呼佛寺曰缅寺，佛寺住持曰大佛爷。总主僧即住持。

② 十二版纳各地集市，每五日轮回，谓之赶街。一街之期，即指五日。

合兄弟不敌，遂奔猛遮。时各猛土司，在名分上，虽隶属于车里，受车里宣慰使司之管制，惟因宣慰使刀承恩庸懦无能，各猛土司，大都各自为政。尤其猛遮土千总刀正经，以职位较高，且有兼管八猛之头衔，多年以来，即未接受宣慰使之约束。同时诏雅合兄弟，又在其庇护之下，柱国乃分呈车里、猛遮，请派遣头目前来猛海，代为调解叔侄间之纠纷。声明将来勿论如何，总以维持地方安宁为重。雅合兄弟在猛遮，亦扬言愿接受和平之解决。

四月朔，车里宣慰使刀承恩，为接受柱国之请求，派遣左将军都竜赛率宣慰军二百名，到达猛海，驻扎蛮兴佛寺，拟待猛遮方面派员到来，再共同会商调解办法。殊猛遮千总刀正经，诡诈异常，一面派头目率数十老弱土练遵遮、海大道前来，进驻猛海大佛寺，声言一切唯车里之马首是瞻，虚与委蛇；一面挑选精壮七百余名，于初二日深夜，由其子刀忠良、头目叭康亮及诏雅合、诏腊统率，启道蛮稿小路，星驰前来。绕由蛮赛，经蛮拉闷，徒涉流沙河，径袭驻于蛮兴之车里宣慰军，先驻猛海大佛寺之部，复突出夹击。左将军都竜赛仓皇应战，身中七枪，死宣慰军十余人。宣慰军以事出意外，且众寡悬殊，不敌，退回车里。刀忠良、叭康亮等，乃乘胜直捣猛海域子，刀柱国猝不及防，骤遭攻击，复仓皇奔猛滑，旋又远逃至缅境猛挖（一译猛瓦，或译猛洼）。同时猛海、猛滑坝子附近各寨居民，亦纷纷迁避。诏雅合兄弟，初本声明不扰汉商，继廉悉汉商张棠阶曾助刀柱国逐己，乃纠合刀忠良、叭康亮等，不分皂白，对汉商住区，肆行焚掠。汉商见来势凶猛，纷载贵重银物逃走，不料中途又概被拦劫，损失财货万余金。滇商李润庭、杨宪章及川商数名，并遭杀害，张棠阶只身脱走车里。刀忠良等，遂满载而归。

张棠阶至车里，先请求宣慰使派兵弹压，并追缴失物。宣慰使以新败，猛遮势方张，无必胜把握，不愿出兵。乃会商分别具禀思茅厅龙文、普洱镇谢有功、迤南道杜庆元，请派兵剿办。张并赍文亲赴思茅厅投诉。镇道得禀，不即派兵，先命思茅厅同知龙文，前往查办。龙年迈畏瘴，行至六顺，即不敢再进。另派六顺土舍王光熙、王佩坤及猛往土便委刀继美，率土练十余名，至猛海调解。时民多逃散，来者又勒索供应，仅存之民，不堪其扰，具禀上控，王光熙等三人旋均被撤回，而龙文亦坐是撤职。

九月，迤南道杜庆元饬新任思茅厅同知费从光与委员郑培田、李孔训等；普洱镇总兵谢有功则派哨官黄殿英带兵一哨，共同前往猛海查办此案。费仍带同王佩坤随充译人。后王以汉官不谙夷情，思于中渔夺，招其堂弟诏相，冒为猛龙土司，向费请袭，企图夺取猛龙土司世职，事为张棠阶所觉，密嘱波猛向费揭露，奸谋未逞，被费斥革离境，自后译员一职，遂由张堂阶所取代。刀柱国辗转逃避至缅境猛挖之后，迄未敢归。费命张遣人招之，乃回国来见。惟已一无所有，谒费时仅以香蕉一梳为贽。其侄诏雅合则贽费以四平头鹿茸一架。费详询支派，遂决取宗祧，以诏雅合为合法继承人，令袭猛海土便委职；其刀柱国所损失者，则判由诏雅合筹偿纹银三千两。此谕一下，民众骇然，蛮董老叭，尤致愤慨，邀约各寨头目人等，整斥行装，准备离境。佥以诏雅合一旦袭职，则彼等终无容身之地也。临行入见费从光，沥胆陈情，述民向背，作最后之努力，冀能挽回。并具言“今大人命诏雅合承袭土职，责其偿纹银三千两，此款始终仍须由人民身上摊派，人民左右是死，若不蒙收回成命，则民等只有乘大人在此之时，偕同刀柱国一道逃亡耳”。费闻言，忐忑不能决，张棠阶素左袒柱国，遂亦乘机进言，“猛海土职承袭惯例，举贤为尚，宗祧良非所重”。时有报人民襆被离境者，一时费颇感棘手，又虑别生他变，乃容纳蛮董老叭之建议，取消前命，并派员安慰民居，宣示土司职务，仍由刀柱国继承。诏雅合见事中变，复潜往猛遮。费曾屡调猛遮土千总刀正经及头目叭康亮来猛海会商善后办法，均违命不至，久之不能解决。而李孔训带往猛遮之兵，复因叭康亮等，时由草丛中放枪恐骇退回。费以无法达成查办任务，遂于冬月专返思茅厅治，具禀上峰。留下黄殿英一哨驻扎，为保商之用。惟此时内地商人，所余无几。哨兵尝因粮饷不继，意欲撤退，汉商张棠阶等，诚恐驻军一撤，叭康亮党，将复为乱，不能安居，吁请哨官黄殿英暂勿遽撤，至粮饷不继，彼等愿代张罗借垫。随总兵谢有功复增派杨华堂一哨到来，于是哨官黄殿英、杨华堂、副哨谢万兴等，共带两哨十七棚[①]粤籍兵丁，分防猛海、猛滘两地，以资镇压。

宣统二年春正月，云贵总督李经羲，饬已革知县黎肇元查办乌得及猛海乱事。时乌得已平，黎乃带同巡检陈钺，并一部分粤军，经六顺径至猛遮，仍带六顺王佩坤随充译员。初意拟仅究治叭康亮一人，余均安抚，并经禀请上峰核准。不料到达猛遮之后，终为王佩坤所簧鼓，对叭康亮竟宽纵未究，即行前往猛海。王以回护叭康亮之任务已达，托词专返六顺。黎抵猛海之后，刀柱国乃倩李梦弼具禀陈诉历次被害经过，禀中详述叭康亮与六顺土司之挑拨离间情形。黎初不以为然，继后访问渐广，又亲历各受害区域，但见败瓦秃垣，满目疮痍，不觉凄然。同时张堂阶等汉商因损失惨重，亦痛陈叭康亮等之种种罪行、猛遮土司刀正经之强霸事实、六顺土司之阴谋等等。黎为感动，于是札调刀正经、叭康亮来猛海，借名商讨善后，欲俟其到而执之。乃屡经札调，皆不受命，最后刀正经以无可推诿，方遣其子刀忠良来见。黎面谕刀忠良曰："汝如能取得叭康亮首级来者，当赏银三百两，并可保全汝家土司职位。"刀忠良乃回商诸其父，刀正经曰："汝欲取叭康亮之头，莫若取父之头更好。"刀忠良遂不敢再言。自是刀正经防范日密。叭康亮并带同土兵数百名，据蛮费寨佛寺，具摆夷文战书，邀黎会战。其略曰："汝欲取吾首级，请速来；否则余将至猛海，取汝之首级也。"黎得书，知不可抚辑，乃电请剿办。报可。遂分派黄殿英、刀柱国，各率所部，由猛滘进；杨华堂率哨兵，车里大头目都竜发号及宣慰司幕友李梦弼率宣慰军由顶真进；并饬汉商张棠阶招集义勇保商队，会同车里、猛海一部分土兵由猛海进。总共七百余名，约期三月初九日拂晓，分四路同时向蛮费进攻。义勇队随一部分官兵取正面一路；其余官兵，复分二路为左右翼，分由田坝绕进，一路截堵蛮费后山，则纯由土兵担任。分派既定，各路兵漏夜向指定地点进

① 每棚十四人，每哨约百人或百余人。

发。当逼近蛮费时，值大雾，但已为叭康亮所觉，先鸣枪抗拒，势甚凶猛。官兵奋力围攻，由晓至暮，不稍懈。时官兵已死六人，伤数人，各路仍奋勇进攻不已。贼见势不敌，相率由后山遁走。其负责截堵后山之土兵，因胆小，以黑夜，不敢取后山，仍由田坝助攻，致叭康亮等，得由后山脱逃也。匪巢既得，官方遂分兵守之。当官军合攻蛮费，鏖战方酣之际，猛遮土千总刀正经父子、诏雅合兄弟、倮匪李张国及猛阿土把总诏真德翁等，竟各率所部，蹑官军之后，悄然入据顶真城子，深沟高垒，恃险抗命。土人谚曰："虾蟆叫，汉人心儿跳。"盖以昔时汉人经商十二版纳一带者，大都来自较高海拔或较高纬度地带，多不耐暑热。每届清明，不计盈亏，无不纷纷结束业务，专返家园，形同大敌之即将蹑袭其后者。其偶有不暇作归之人，又多感染热带性疟疾，即所谓烟瘴，或失医而致死。清明后十日，为摆夷元旦，又曰泼水节，泼水节过后，即渐入雨季。雨水下地之时，田野青蛙，鸣声如雷，羁旅之客闻之，心怀无不惶惶者，以是土人遂有此谚。咸以为雨季一到，汉人决无忘命再留之理，兼以顶真地势险要，彼时武器不甚犀利，实有其所恃之处。官军围攻蛮费之日，已在泼水节后之第三天，雨季在迩，是以愈长其狂妄之念也。

四月，迤南道杜庆元据报，遂电请省方调兵剿办遮顶叛酋，李督复电允可，随派镇边厅丞刘成良督办遮顶军务，思茅厅丞费从光为会办，黎肇元为参谋，分路进剿。刘成良率孟连宣抚刀派永，雅口都司李文科、土兵管带李文才、猛允土弁刀金保、猛滨土目罕定国，各率土兵，进围顶真；保卫队长柯锡光偕刘成良之幕友陈伦品等驻猛遮。旋于猛遮捕获刀忠良及顶真土便委刀金贵囚之。刀忠良随破押逸去。时官兵已前后调集四营之众，并土兵数千，但屡经进攻，皆不利。副哨谢万兴阵亡，李文才亦因伤重致毙。驻扎顶真北城外蛮养法佛寺之罕定国亦受枪伤就医，不能作战。斯时官军势蹙，而贼势则日炽。随再电省禀告：顶真天生险阻，非布长围，难望攻克。于是调柯锡光管带接防蛮养法佛寺，仍辅以罕定国、李文科之部围其北；调费从光率护思营，周国华率保卫第二营驻顶真后山，管理开花炮，截其东北；

调孟连宣抚率土练防其南；东南一带，则由铁路营胡锦堂、周连标、黄殿英、易荣黔各管带分别扼要驻扎；车里宣慰军驻顶真正东荷花池边；刘成良则西驻猛遮城子，遥为接应。鏖战数月，终以顶真地势险阻，垒高堑深，四围竹木密茂，叛酋居高临下，易于制我，官军暴露四野，无法得窥叛敌所在，仰攻困难，毫无进展，而耗费弹药亦已甚多。时当雨季，雨水盛发，官兵日立风雨之中，感染瘴毒，病亡过半，伤病官兵舁送猛遮就医者，五六百里，络绎不绝。

七月内，督办刘成良，因探知叭康亮已潜离顶真，转往英属猛艮借兵，而刀正经是否尚困守顶真城子之中，亦颇有种种揣测之谣言，以为纵将顶真攻克，而首要不获，亦觉难以为词，又惧引起外患，适感瘴毒，乃称病辞职，旋竟瘴故于其猛遮行营，而其幕友陈伦品，则因弄权舞弊，被逮入狱焉。计自三月初九日围攻蛮费起，经已四月。汉土兵练，万有余名，迄未能将区区弹丸之顶真攻拔，论者有谓指挥不能统一，攻击之时，此张彼弛者；有谓主其事者欲故延时日以纵敌，将来借为要功地步者[1]；有谓烟瘴剧烈，官兵染瘴过多，致攻战无力者。刘故后，总督委黎肇元继为督办；解除费从光会办名义，饬其专责办粮，供应军食。黎奉令后，再电请总督益兵助攻，总督以管带柯树勋部在河口一带，素著战功，河口为著名瘴区，能耐烟瘴，乃电调其全部，并周虎臣一营，星驰增援。柯部于七月尾开抵顶真，奉派驻扎顶真南面之蛮留寨。次日巡视地势，与各营会商合围方略之后，即督率所部，昼夜攻战，以期速捷。连攻数昼夜，贼居高放枪，柯部由坡脚仰攻，颇有伤亡，部众渐有退志。柯乃优悬重赏，多方激励，同时亲冒枪弹，督战愈力，士卒复鼓勇奋进，遂直薄贼城，并夺据其城外之炮垒碉堡三座，逼近城濠，东西北三方面围攻之部队，亦同时放枪响应，贼势渐蹙。

① 参谋黎肇元前参与中越界务，擅在法人界图签署，导致我国丧失猛乌、乌得两土司地，因被革去知县职务及摘去顶戴，此次参与边事，为戴罪立功。清例不满百日之役，不为军功，黎参谋其间，故取拖延，期能以军功而开复，故普遍有此传说。

八月初六日，普洱镇总兵苏抡元，衔总督命，统军到前敌督战，于是各方面之围攻部队，始尽力猛攻。困敌见官军并不因雨水盛发而撤退，反日渐增强，遂有私投官军者，于初十日，斩贼伙李张国之首，投周国华部哨弁郃元臣处来献，总兵立予优赏。十一日，困敌又有潜出密报于柯营者，询悉刀正经等首要，因李张国被杀，内部不稳，有乘夜突围，另谋再举之议，乃送之苏总兵，并为要求宽宥胁从、无罪良民，总兵皆许之。总兵于是密传各营，严行戒备；并谕各路包围部队，务获首犯，不许漏网。设有脱逸，当罪其所经之营。惟是顶真四围广阔，包围之众，虽已万余，而势难步步为防。能否截获首要，各部亦殊惴惴。柯部乃新增生力部队，对此消息，至感兴奋，认为良机难得。可望早日结束战斗，而免边氓转徙流离，日受锋镝之苦。但叛敌黑夜突围，何者为首要，而其突围之点何在，皆至关重要。一面激励所部，加意提防；一面重价募土人，得潜通其传更之夫，约定正经所至，更锣随之。同时命其哨弁柯运森，佯疏其所防，而尽伏以待。是夜五鼓，刀正经及其基干，果率众四面突围，一时枪炮大作，声震四野。各部官兵土练，皆加紧包围，以密集之火力，予以还击，独顶真城子北面，枪声疏落，刀正经及其亲随，遂由此方壕沟缺口，悄然而出，更锣戛然鸣至此而止。伏军闻声尽起，出者咸就擒歼，无一漏网者。天明，经土人辨认，一尸约金钏十数者，即首要刀正经无讹，遂枭首以献；同时并将擒获之重要祸首诏雅合、叭乌提、诏真德翁等十余人戮之。苏总兵传首招降夷众，安抚居民。至是因猛海土弁争袭而酿起之一场遮顶变乱，劳师縻饷，迁延岁月，乃始平定，而官兵土练之伤亡瘴殁者，亦已不可胜数矣！事闻，在事出力人员，均叙奖有差。柯树勋保直隶州知州，游击胡锦堂、周连标均保副将；其余亦各有升奖。各营先后班师回防，留柯树勋督带第五营驻守猛遮、顶真，负责招抚土民归田，使各安生业。

宣统三年二月，黎肇元开复知县，受任思茅厅兼副营务处。六月，赴猛遮办理善后，督办改流事宜，分猛遮、顶真、猛滑、猛海及猛阿为五区。出示变卖五区田地。议请设一直隶州，三县。委骆负图、陈兆廉、阳荣辉、周世清及邹位灿为编户招垦员，并抽收棉茶捐，以充经费。嗣因陈兆廉、阳荣辉瘴故，另委韦炳章、李佐华接办。九月八日，柯树勋奉饬往孟艮商请英方引渡逃犯叭康亮，英方以政治犯为辞，不予引渡、交涉无效，乃就而考察英之所以治孟艮者。是月，编户委员周世清、督办黎肇元，先后瘴故于猛遮。帮办蒋可成及各编户委员，均畏瘴辞差而去。边事乏员经理，棉茶捐亦无形停办。时本省光复，都督蔡锷，曾电黎以南防事重托，不料黎先于九月二十四日染瘴身故，边务主持无人，地方骚然。柯树勋因孟艮不予引渡叭康亮，又闻本省光复，乃匆匆归国。行次猛板，奉令调署思茅厅篆兼副营务处。先命李梦弼驰往车里，宣传光复宗旨，并布告边民，各安生业，分派既定，随即赴思茅接任，率带第五营防军，保护地方，闾阎不惊。

民国元年一月，都督府以思茅介偪两强，边防重要，命刘钧巡按迤南。刘钧至思茅，适逃匪叭康亮散布谣言，声称即将入边报仇，边民惊恐。迤南道方宏纶巡按使刘钧，以夷情反覆，伏患未除，非威信素著，不足以资震慑。乃电禀都督，命柯树勋督办遮顶五猛善后，督带边防各营，兼副营处，管带黄殿英、骆家伦均归节制，柯至车里，即分区派员赓续办理编户事宜。又以车里宣慰使刀承恩，对五猛改流之议，表示反对，遂决意设善后总局于车里，扩大设流范围，作一劳永逸之计，就近监视其行动。报请委任邹位灿为帮办，驻猛遮；李谭、黎祚、陈锦昌、陆廉、唐健臣充编户员。惟时国币空虚，经费无着，商得思茅绅商同意，复抽棉茶捐，共获四千余元，权以支持。七月，遮顶五猛编户完竣，柯乃斟酌边地情形，并参以英之所以治孟艮者，条陈治边十二条，当道许之。民国二年正月，创设普思沿边行政总局于车里，兼第一区；以次设立第二区行政分局于猛遮；第三区行政分局于猛滑，旋移猛海；第四区行政局于猛龙，后移猛往；第五区行政分局于猛腊，后移猛捧；第六区行政分局于易武；第七区行政分局于普文；第八区行政分局于官房。分区设流，作将来改县之地步[1]，并

① 普思沿边八行政区，于民国十八年，以分别改设为县及设治局。

奉命就地筹措经费，呈准除赤贫头目外，每户年征户捐银一元六角，半归土司，以作养赡，革除旧日土司一切摊派；半充总分各局行政经费。又户征折工银四角，专作修筑道路桥梁及兴建各区局署之用。保留土人原有耕者有其田之土地村有制度，不予变卖猛遮等五区田地，边民乐输，政费有着，遂停棉茶捐。设流而不改土，于是六百余年来半独立状态之车里土司十二版纳，始获正式跻身于中华民国政治之平等地位，同时边民遂亦免于兵戈扰攘、水深火热之中[①]。因猛海土弁之争袭，致掀起遮顶之乱，而劳师动众，而分区设流，进而改县，是又不得不详纪颠末，借存一隅掌故，而资参考也。

① 十二版纳在土司自行治理时期，承袭争夺，变乱频仍。稍注意此方史事者，类多能道之。土人尝为余言，过去每至秋收完毕，即须将谷子埋藏山中，每家各舂制火药二斤，预备争战，今则已无此必要云。

普思殖边总办柯绩丞先生传略

先生名树勋，字绩丞，清同治元年壬戌九月十三曰，诞生于广西之柳州。其先本福建人，父子林公，由闽宦游粤西，咸丰间，太平军起，带福字营会援柳州，遂家焉。七年，城陷，全家殉难，子林公突围出，负长孙祥和奔梧州。续娶姚夫人生先生。姚夫人早逝。先生生而颖悟，自幼即好交游，喜技击、斗鸡、走马，不屑于文墨。子林公故后，继母赵夫人督之严。先生晨则挟书出，而藏诸草丛，别寻斗鸡、走马之徒为戏，暮仍挟书归，习以为常，赵夫人不知也。久之，族中人以告，夫人大恸。唤先生至，泣告之曰：尔父仅汝一人，尔父在时，余固知汝之不勤于学也，故为觅严师，期汝有成，不谓汝之不改，而必自误乃尔，欲待重责，则人将谓继母虐！但人必有志，乃可以立，汝既不愿习文，其就武乎？于是，遂为先生另觅师教骑射、技击之术，先生乐之。旋应试选武庠生，然先生好交游如故，且慷慨性成，遇有缓急，无不尽力以赴，家道因之中落。年十九，值越南战起，投岑襄勤部，襄勤一见奇之，授右营帮带，隶总兵何元凤部下。光绪十年，我军克复临洮、广威、不拔等府，先生与有力焉。和议成，保千总。嗣以维西协会带，调驻开广营帮带，防守红河。管带李旭初颇惜其才，勉之曰：君政治才也，孔武不文，不足语治道，君欲献身边疆，利民卫国，当究心经史，成就乃大，先生韪之。时先生年已二十有八，乃发愤为学，兵戎之余，除究治经史而外，书算测绘、土木、工程、医药，以至丝竹、堪舆、占卜、星相末技，无不潜心研习。故先生不惟于诗文书道在所擅长，且复多艺，尤擅长道路、桥梁及房屋建设工程。厥后测修由车里至思茅大道之工程队，以及行政总局衙署之设计建筑，皆先生躬亲训练，躬亲作图，而躬督以成者也。先生居常语人曰：苏老泉二十七岁，始发愤读书，余则尚迟老泉一岁，盖即指此。嗣奉委个蒙厘务，以刚直忤上被议，旋得直，委勘建筑铁路营碉地点工程，及中越定立界牌，测量改道南溪铁路等差，皆以边情熟习，复多材艺，而荷重任。及滇越路成，带铁路巡防第四营驻防阿白，获劫杀法员要犯，法人德之，报请法国政府，赠给二等金质宝星。法人有虐待华工者，先生复抗争不遗余力。时革命军陷河口，先生奉檄往援，卒克复之，滇督锡良荐准以知县任用。宣统二年，猛遮土千总刀正经，纠合顶真、猛阿各土酋为变，势甚张，上命镇边厅（今澜沧县）丞刘成良、思茅厅丞费从光及已革知县黎肇元等，督师会剿，师久无功，乃檄调先生于河口。盖以先生熟习边情，且所部多两粤籍，能耐烟瘴，故远调增援。先生于酷暑瘴盛之时，星驰至猛遮，度地形，励士气，身先士卒，卒擒斩渠魁，平定边乱①。滇督李经羲嘉先生忠勇，保奖直隶州，仍督带第五营，留戍沿边，参赞改流。三年九月，奉命往缅甸孟艮，迎提逃犯叭康亮，因就而考查英之所以治孟艮者。随滇省光复，思普震动，迤南道方鸿纶，以先生信孚一方，调署思茅厅篆兼南防副营务处。先生适由孟艮归至猛板，奉命后，即驰赴思茅新任，随带第五营防军，保卫地方，全境以谧。民国元年一月，逃犯叭康亮散布谣言，声称即将入边报仇，边民惊恐，迤南道方鸿纶，巡按使刘钧，以伏患未除，非威信素著，不足以资震慑，电准都督府，复命先生至边，督带各营，主办善后改流事宜。七月，各区编查户口完竣，先生乃斟酌边地情形，并参以英人之所以治理孟艮者，上治边十二条陈。存土司，蠲繁苛，规划十二版纳全境为八行政区，设总分各局，作将来改县之地步。政府纳其议，即任先生为普思沿边行政总局局

① 先生平乱之兵，多数为广西壮人。壮人与摆夷（傣族）同为壮洞语族壮傣语支，语言大致相通。平乱以及乱平后之建设，助益不少。

长，兼第一区。二年一月创设普思沿边行政总局于车里宣慰街之庄董佛寺。并与各土司协定章程十三条，互相遵守、每户年征户捐一元六角，以半数作总分各局行政经费，以半数作各土司赡养；另折工四角，作修路造桥及兴建各区衙署之专款。严禁土司苛派[①]，与民休息。三年，建总局于宣慰街西北约十里之景德而移治焉。景德为车里故都，旧有户万余，自经缅暹大掠之后，已无居民，惟遗佛寺残址十数于丛莽而已。先生披荆斩棘，垦辟荒莱，筑市场，徕商旅，盖颇费经营焉。又以猛遮界连缅属大猛养，为国防冲要；同时紧接澜沧县之倮黑山，附近村落，时遭倮黑劫掠，乃划为行政第二区，即首先建筑营碉，屯兵震慑。其他各区分局及滇越边界应建营堡，均计划按年兴建。当先生在思茅厅任内，即注意边民教化问题。其时李曰垓先生，在省倡办土民教育，先生即请准设立普思沿边土民学堂于思茅之大佛寺，以造就边地师资。分区设治后，更于各区设立初等小学多校，强迫土民入学，优待学生家庭；并特设劝学所，主持各区学务。维时边荒初辟，经费奇绌，所有取之于民者至微。在每户岁征之行政经费八角中，教育经费仅居十六分之一，亦即每户不过五分，全年共仅一千五六百元，以之举办八个行政区之教育事业，自难求进展。而折工一项，后复一再提用于军事需要，不能专致力于建设事业。不似徐为光氏擅自改县独立后，可以不遵守民国二年，行政总局与各猛土司头目协定之章程。各新改之县政府，可以任意诛求而作量出为入之加征，每户年征行政经费自六七元（如南峤、镇越、宁江等县局），至十数元（如佛海县），以至二十余元（如六顺及车里县）不等。即门户附加之教育费一项，亦有户征至一元或一元以上，甚至有高达二元五角者。统计沿边各县所取诸于人民之教育经费，年达滇银三四万元之巨，为未改县前之二十五倍，且远超过改县前，八个行政区之全部行政经费（彼时全八区行政经费，年仅二万四五千元）。改县迄今已十余年矣，以改县前

① 据《思茅厅志》稿，旧时土司向土民每户年征纹银五两（合七元）至十两（合十四元）不等。

之十六年（此借孙天霖氏语，其实先生自民国二年一月就任总局长起，至十五年五月逝世止，为期仅十三年又五月耳），与改县迄今之十余年比；以未改县时每户仅岁征行政经费八角（内教育经费，仅占全部行政经费十六分之一），与改县以来每户岁征行政经费自六七元，至十数元，以至二十余元比（六顺年征二十七八元，车里年征二十五元，教育经费另外附加征收），以未改县时由行政经费内提拨之教育费每户平均不过年合五分，与改县以来，每户岁征教育经费自一元以至二元五角比，宜乎沿边青年之被汉文化者，今当远胜乎往昔。然而各县局中，未见学校者有之！省教育厅所派视学人员到达，则仓皇照其虚报校数，雇人扮演一时，逮视学人员离去之后，即学校痕迹，亦无从寻访者有之！随便敷衍数校者有之！交卸则将历年所收教育费，囊括以去；民有欠者，公然厚颜守候而不知耻，有非议之者，必思罗织至死，以为报复者有之！迄今沿边青年之曾被汉文化者，与未改县前相差无几。此非谓改县之不当，不过有谓："柯氏以封建思想，欲作太上土司，十六年来，未尝兴办学校，所取为愚民政策。……苟柯氏实心实事，尽忠边庭，则十六年之政教，沿边青年，皆被汉人之文化矣。"[①] 又有谓"其余若学堂、实业、邮电、开垦各事，至今无一成绩之可言"者，[②] 用略举大要，以明事有非可一蹴可跻，而今昔易势，言行之难易悬殊耳！民国七年二月，澜沧倮黑叛乱，先生奉令进剿，星夜出发，至班发，与倮黑鏖战一昼夜，振作士气，奋勇争先，竟获全胜。收复整控新渡两江口后，普防陆军统领马文仲及思茅县知事谢栻两军，始获渡江会剿。澜境初定，余孽未歼，奉调回局。翌年，匪势复张，蔓及猛阿、猛遮，先生复奉命会剿，亲督兵团，夺蛮红，克永竜，擒匪首李学增及诏麻哈播二人毙之，招抚流亡，澜境之乱，始告平定。十一年，缅宁蔡教练春瑄肇乱，踞城拘官，先生又奉命充缅、澜、景三属剿匪督办，督率兵团，驰赴缅宁，会同省委陈少将光保，

① 见孙天霖《车里笔记》。

②《见云南边地问题研究》上册李文林《思普边情及治边意见》。

马指挥健刚，三路兜剿，平之。十二年，普洱道尹萧瑞麟，以先生久寄边庭，威望日重，恐养成尾大不掉之势为词，密电省长唐公继尧，请以萧学智前往接替；同时又恐原驻猛遮之陆军普防第三连为先生所用，或有抗不交代情事，借点验为名，将第三连全部调至思茅，尽收缴其武器而解散之，仍责先生以十二版纳之治安全责。如有风吹草动，惟先生是罪。先生处境，斯为最劣。好在先生深得民心，边民愿为尽力维持治安，幸无意外。先生得闻瓜代者将至，一面准备移交，一面亲率局中员工，赶修衙署未完工程，以臻妥善。谓署中职员曰：行政总局报告完工，经上峰派员验收，亦已多年，尚有花圃台树等，不甚重要部分，为惜物力，故迟迟未予完成，今瓜代在即，雇工不及，不得不劳阖署同人之力，短期完成之，庶萧君到后，知吾侪作事，有始有终云。唐省长以先生任职沿边十余年来，政简刑清，汉夷和睦，边境乂安，省府无南顾之忧，不宜轻易生手，未允萧道尹以萧学智为替之所请。于是萧道尹又呈请省公署，请将普思沿边八个行政区改制为县，直隶道尹公署，撤销普思沿边行政总局。省公署下其议，先生乃呈覆省公署：沿边分区设治，原即为改县之张本。惟成事有序，先后缓急，应有斟酌。第六区行政分局，所辖倚邦、易武两土司地区，汉人增加，商务兴盛，为八区之冠。地方教育，亦办有成效，请由道尹公署派员先行将第六区行政分局，改设为县。如办理有效，嗣后再将其他七行政区改制。省公署据呈，即令交道尹公署审议办理。道署资深高级佐治人员，佥以兹事体大，倚邦、易武两土司地区，虽然汉人增多，商务教育等，较其他各区为发达，但如改设县治，则必须依照县组织法扩大编组。组织扩大，人员设置增多，则开支随之增大，照原有之微末岁收，不敷极巨，如增收民户户捐，以为弥补，则与道署历来严禁不准妄增民户户捐之功令相抵触。同时又恐边民不堪负荷而反对，有失道署之威信，道署既乏专款以助改县后不敷之行政经费，又无别途以筹，改县案虽倡自道署，应予审慎，不宜操切。审议结果，于是此项原由道署提议之改县案，仍不得不由道尹公署，自我加以搁置也。是年冬，奉令往勘滇缅南段，打洛至南雅河段界牌，至南雅河，患病甚剧。其南雅河汇入澜沧江处之界牌为第六十二号，遂以谶兆为不祥。病中语左右曰：此段滇缅界牌最后一号之数为六十二，而余今年亦正六十二岁，其将不起乎？左右宽慰之。后虽病愈返署，而六十二为止之谶，终不能去怀。又以宣慰使及各猛土弁，不时以“两广熟与车里大”为询，盖以先生来自柳州，而部属多两广籍，故宣慰使土弁夷民等，时举以询。虽经解譬多端，而询者不止，其不能心折也至明。兼之驻防陆军，遭忌遣散，整个沿边，已无一兵一卒。临时组成之常备队全为土人，无作战经验，有事难为国用。诚恐一旦物化，见闻锢蔽眼光短小之宣慰土弁等，设不幸为奸人利用，致有变乱，则不惟十余年来惨淡经营之成果，将化为乌有；而此可爱之边地民众，又将遭受劫难。既非边民之福，亦国家之大不幸事也。乃决趁一息尚存之际，躬率各土司叭目等赴省垣观光，使彼等开阔眼界，增进见识，知中国之伟大，以泯其夜郎之念，而奠沿边于磐石之安，则死当无憾。先集局中科长职员会商，咸认此举为不可少，且不可缓。乃电省长唐继尧请示，得复报可。遂于十三年夏，躬牵宣慰荫袭暨各土司叭目团首等，晋省谒见唐省长，并参观各机关学校，年底返治。各土司叭目由昆明归来后，乃渐体会中国幅员之广大，民物之众庶，并深感各机关长官，对边民之一视同仁，优礼有加，不复作“两广熟与车里大”之问难，亦不再作驱逐汉人之想，而唯共存共荣，为最高之标的矣。十四年五月三十日，上海发生五卅惨案，英捕枪杀市民四五千人；六月二十三日，广州又发生沙基惨案，沙面英法军枪杀我同胞二百余人。消息传来，先生大愤，电请政府，应取强硬外交，否则不惜一战，必要时愿统率所部以及沿边丁壮，听候差遣，与敌周旋。省公署复电嘉勉，并谕知政府当循外交途径解决。不料事为英方侦悉，纷调部队，集中孟艮，以为防备；猛拉方面，并运到大炮机枪等轻重武器，先生亦尽知之。会病烧热，一夜，忽扑地断门牙二枚，唇亦破。病未愈而双方约定会修界桩之期已迫，部属有劝请照会英方改期，或委员代表会修者，先生持不可，谓恐示人以弱，且失国家信用，生死良非所重，卒携衣衾力疾成，如期至打洛边界，与英员会晤。会修结果，颇为完满，其间因界牌位置不当而有迁移者，较诸往昔，英方且有让步焉。先生自晋谒唐省长归来，对于沿边，本欲作进一步之努力，以期充实边疆，巩固国防，乃呈准上峰，于是年元月，将行政总局，改组为普思殖边总办公署。唯是积劳过度，历年以来，皆不获休息。如民七、八年剿办倮黑之役；民十一年督办缅、澜、景军务之役；民十三年，又于雨水盛发，瘴疠流行之际，躬率各猛土司头目，晋省观光，及历次抱病会勘界务，体魄原不甚健强，年事又高，历次辛劳，皆在病中，雅口之役，以处境阽危，焦思曾呕数升血；兼之边地医药不备，而车里又为著名烟瘴之区，十五年入春以来，病势不灭，三月转为增剧，延至五月二十九日（阴历四月十八日），竟以积劳过度，卒于任。年六十五岁。同年九月二十一日（阴历八月十五日）中秋，政府矜恤贤劳，拨资公葬于澜沧江东北岸白花山之阳，乃先生生前自行择定者。先生元室李夫人生女二人：长祥凤，民国十年来归予，次祥祯，适宁洱侯树云君。继配彭夫人（彭夫人为越南傜家、卜氏得彭，因姓彭氏。）生男祥晖、祥麟、祥炎三人，各有室，近十年中，均先后瘴故于佛海。妾李氏生第四子祥云，未娶，三十三年，以心脏病卒于昆明。现仅遗次孙如松，祥麟室华氏所生，及四孙运良，祥炎室刀氏所生二人，如松已有室，运良方就学初小。祥晖原配许氏生长孙运文及三孙运武，均先祥晖以恶性疟疾不治而殇。先生服官边庭十余年，洁己奉公，性行耿介，而乐于助人。生前求助者殊众，无不尽其力之所能及以应，以是身后异常萧条。先生最服膺孔子“不患寡而患不均”之说，素主均富。当民国十二年秋，提倡筹组开发猛板银矿公司时，特为定名“普利”，并为诗纪之，有“桂花八月好，香味共分收”之句，盖即寓均富之意也。尝谓部属曰：设余而厚有所积者，余死而诸君尽可分取之。当弥留之际，命总务科长陈祖培，第二区委员王承义，第三区委员胡人剑，眼同阖署员工及先生家属，公开清点箱柜，共得七千余元，陈祖培大声报之。先生仅曰：内有两千元系车里富滇分银行所寄存，又若干千为公款，应即取出归还，遂瞑目不语，不及于私。思茅翰林刘钟华先生曰："公不负其职，亦无歉其心，"[①] 论者以为确评。先生遗著有《普思沿边志略》及《龙江诗集》。《志略》已出版，诗稿尚未刊行。

① 见翰林院编修思茅刘钟华《柯公生祠记》。

车里命名考

车里宣慰司所辖曰“猛西双版纳”。西双译言十二，版纳之义为府或州，猛之义为国，可译称为十二府国或十二州国。古人对版纳一词，似未得其解，故音译而为十二版纳。亦名猛泐，即泐国之义。因此十二版纳之摆夷，自称为傣泐人，亦简称泐人。附缅后对缅称景永，首邑亦曰景永，缅人称之曰景永巨。此外尚有一梵化名称曰 Aravi，似即《月藏经》，东方七宿，尾箕二宿所摄十四国中第七国之阿罗毗，或出于摹拟及移植者。

十二版纳居民百分之六十以上为泐人，即一般所称为水摆夷者，在未设治以前，十二版纳之统治者也。然车里一名，在傣泐语文中，颇难寻译一适当之诠释，询诸傣泐人士，亦不得其解。说者谓即《逸周书》之古产里。拙著《车里》一书，曾据《明史》及《新元史》等书引用，而《读史方舆纪要》及《滇考》则曰周公赐指南车归，故名曰车里云。

按云南车里[①]一名，始见于《招捕总录》，新旧《元史》作车厘。亦作撤里，或作车釐及阇力。同时《元史》蒙古人及色目人中，亦颇不乏以撤里、阇里、撤里蛮、撤里帖木儿、阇里帖木儿，或径以车里二字为名者。于是车里一名，是否即《逸周书·王会解》之古产里？

①《史记·秦始皇本纪》：“毕公享国三十六年。葬车里北。”又“惠公享国十年，葬车里康景”。此两公葬地之车里，应不离雍境，今陕西凤翔县地，与今之十二版纳之车里，悬隔太远，当非一地。

其命名由来，诚否如《读史方舆纪要》《滇考》及其他书籍所载，因周公赐指南车导之归而云然，不无疑问矣。

考《元史》《新元史》《元朝秘史》及《明史》中，关于蒙古人及色目人之以撒里命名者，略有如下表之所示：

名	氏	蒙古抑色目人	略　　历	索　　引	备　　注
撒里	燕只吉台氏	蒙古	中书平章政事	《元史》卷一三〇《新元史》卷一九七皆有传	亦作阇里，见《世祖纪》廿九年，《成宗纪》大德十年及《崔彧传》《燕公楠传》
撒里	阿速氏	色目	左阿速卫佥事	《元史》卷一三五《新元史》卷一九八皆有传	
阇里			速古儿赤（《新元史卷》二二三作利用监）	《元史》卷二〇五《新元史》卷二二三《桑哥传》	疑即上燕只吉台氏撒里
撒里帖木儿			淮东宣慰使江西参政	《元史》卷九《世祖纪》至元十四年	疑即《伯颜传》都元帅阇里帖木儿后为辽阳平章，见下
撒里帖木儿	札剌儿氏	蒙古	河南蒙古军都万户	《元史》卷三二《文宗纪》《新元史》卷二〇五有传	或作阇里铁木儿，《元史》卷一五四《洪迈传》
撒里帖木儿	阿鲁温氏	色目	西域大族中书平章政事	《元史》卷一四二《新元史》卷二〇五有传	亦作撒里铁木儿
撒里帖木儿			湖广参政（至顺二年）	《元史》卷三五《文宗纪》	
撒里帖木儿	博尔济锦氏	蒙古	公主	《元史》卷三七《宁宗纪》	
撒里帖木儿	博尔济锦氏	蒙古	烈宗系别里古台曾孙广宁王	《元史》卷一〇七《宗室表》	一作阇里铁木儿

续表

名	氏	蒙古抑色目人	略　　历	索　　引	备　　注
撒里帖木儿	博尔济锦氏	蒙古	宪宗系昔里吉孙顺帝至正二年封抚宁王	同上	
阇里帖木儿			至元二十年右丞辽阳平章都元帅	《元史》卷十二《世祖》纪及洪万、崔彧伯颜及《日本传》	亦作撒里铁木儿、阇里铁木儿、撒里帖木
阇里帖木儿			济南路同知	《元史》卷九七《食货志·盐法》	
撒里帖木儿	完者都钦察氏	色目	高邮打捕屯田提举司达鲁花赤	《新元史》卷一六〇《完者拔都传》又卷二九《氏族表》	
撒里帖木儿			河南平章	《新元史》二四八《乌撒传》	
撒里蛮			宣徽院大司徒	《元史》卷一二二《昔儿昔思传》	
撒里蛮		蒙古	江西行枢密院副使安南石丞	《元史》卷二〇九《安南传》	
阇里赤	畏吾氏	色目	淮东宣慰使脱烈海牙父	《元史》卷一三七《新元史》卷一九二《脱烈海牙传》	
车里	雍古氏	色目	回鹘贵族蒙古汉军征行元帅	《元史》卷一三二《步鲁合答传》《新元史》一四九《按竺迩传》	《元史》《按竺迩传》作撒里雍古氏，《不鲁合答传》作蒙古弘吉剌氏
阇里合察兀	博尔济锦氏	蒙古	蒙古第五代始祖	《元朝秘史》卷一	
撒里不花			元将	《明史》卷一《太祖本纪》	
车里不花			云南参政	《明史纪事本末》卷十二《滇云历年传》卷六	

又《新元史》卷一百四十九按《竺迩传》:“至元二年，车里以老疾不任事，命子步鲁合答代领其军。……二十一年，又从征八百媳妇，至车鳌（《元史》作车厘）。车鳌者，其酋长所居也。诸王阔阔命步鲁合答将游骑三百，往招之降，不听，进兵攻之，步鲁合答毁其北门而入，赐金虎符，授怀远大将军云南万户府达鲁花赤。”观此，可得结论数点如下：

1. 十二版纳一地，是否即《逸周书》所载之产里，尚难加加以确定。

2. 车里一名，应为纪念对其地有直接或间接战功之蒙古人或色目人而得名。步鲁合答将游骑三百而下车厘，为其父留一永久纪念，因而名十二版纳为车厘或车里，不无可能。

3. 车里一名，在尚无其他佐证足以说明其别有来源以前，自以随蒙元铁骑之侵入而遗留为近。设此说而能成立不移，则《吕览》及《周书》所志以象齿矩狗为献之古产里，纵有其地其事而不出于伪托，然亦绝非元以来之车里十二版纳也。

此外，关于《读史方舆纪要》等书所谓：因周公作指南车导之归，故名车里者，亦不得不加以辨正。《宋史·舆服志》“周成王时，越裳氏重译来献，使者惑失道，周公赐軿车以指南”。《通志》“周致太平，越裳氏重译来献，使者迷其归路，周公为司南之制，使载之南，周年至国”。又《后汉书·南蛮传》“交阯之南，有越裳国，周公居摄，六年，制礼作乐，天下和平，越裳以三象重译而献白雉”。是则周公赐指南车者乃越裳氏，而越裳固位于交阯之南，当为今越南之南境，而非位于越南西北边外之十二版纳也。①

（载民国三十一年《边疆通讯》三卷五期）

① 越裳居地，以汉九真郡，即今安南清华、乂安以至顺化等处为中心。

改编王初桐《西域尔雅》序

读《元史》，见元人中，不乏以车里、撤里、撒里蛮、撒里帖木儿或车里帖木儿等为名者，于是对于车里宣慰司车里一名之由来，是否即《逸周书·王会解》之产里，不免发生疑问，得无与元人有相当关系，否则不应巧合乃尔。盖十二版纳一地，初被征服于元人，著于史册，始于元代。且车里一名，在傣泐语中，难求诠释。因此不得不转而向蒙古语言中试为探索，期与《元史》得一印证。

十年前，偶于首都购获王初桐氏《西域尔雅》一卷。其中包括蒙、回、藏、番等语汇十一种。编纂一本《尔雅》十九篇之例，顺次序述，不便检查。古人编着，很少应用科学方法，此亦时代使然，不应苛求。携回之后，即拟加以整理。比年糊口异域，不遑及此。前年六月，家居偶暇，遂着手改编，惜仅及半而止。日来偶检巾笈，出未完稿，于百忙中竭三日之力完之，计得西番五三七语，西藏四三二语，回回三五五语，准二五九语，蒙古二〇五语，帕尔西二五语，布鲁特一三语，蛮及哈萨克各八语，梵二语，哈拉替良一语。检阅一过，较王氏原书为使于稽考。开卷一目了然。读书虽乐，然常因小问题，惹起大麻烦。因车里一名，致改编此书，费时不赀，然亦快事也。

卅年十月十五日于佛海

到滇边开发去

各位先生亲爱的侨胞：鄙人昨晚与黄水田先生讨论到滇边十二版纳开发去的问题，黄先生认为有研究的必要，要鄙人今早到来把十二版纳方面的大概情形，向各位介绍。鄙人素拙于言辞，有不周到的地方，还望各位多多原谅。

鄙人南来，这是第二次，时常这样憧憬着，假使南洋一带，不是我们亲爱的侨胞，把宝贵的血汗，不断地渲染着，那么我敢断言，绝对不能达到这个地步——光明灿烂的境地。

不料环境一时剧变了，亲爱的侨胞有许多许多找不到工作，有力无处卖，顺至生活上发生了很严重的问题，这是多么悲惨的一件事啊！就此马马虎虎糊混下去吗？我想大家是已经感觉到不容易再混了，那么请其他侨胞负担点旅费转回家乡去吗？可是家乡方面不也是有许多人正在喊没有工作吗？怎么办？到滇边开发去。

中国可资开发的地方很多很多，大规模的移殖，还是要到西北去。黄先生要鄙人对各位报告的，却并不是可作大规模移殖的西北，而是与缅甸毗连，距离仰光又没有几多天程途的一个很有趣很小很小的所在——十二版纳，与南洋一带是很容易往还的。

十二版纳，在云南省的西南极边，自北纬二十一度六分起，至二十三度止；经度自格林尼治九十九度五十三分起，至一百零一度五十分止。南北袤三百八十余公里，东西广二百八十余公里，面积约二万五千余平方公里，略小于欧洲的荷兰，而十倍于卢森堡，东南与安南接壤，西南与缅甸接壤。以前通通是土司地，现在云南省政府呈准国府在这个地方成立了六个县政府和一个特别行政区（详二月二十三日《仰光报·波光栏》)。人民十六七万，每平方公里居民不到七人，如每平方公里以容纳四十人做标准，那么至少尚可增加八十万以上之移民进去。容纳失业侨胞，绰绰有余。滇边天产丰富，气候和平，平均气温约华氏表七十度上下，是一个很温和的所在。

矿产方面，如金银铜铁等，所在皆有，只是现下还没有人投资开采，目前算为办有成效的，仅仅磨歇一带的盐矿而已。

现有制造品中，当以农产加工之茶叶为第一大宗，年产额合江内外计约二百余万斤，每年运经缅甸印度转销西藏及西藏人直接到佛海县购买的，约达一百万斤以上。此外则运销缅、暹、越南、香港、四川等地，一年也不下百万斤之数。若能将制法加以改良，扩充销路，那么年产额当可不断增加，因尚有甚多茶山，无人采摘也。在车里、佛海一带的茶园，虽然是各有其主，但是非其主的人们，也可以自由去采摘制造及出卖，不过采得一百斤，要送还园主五十斤。如果向园主购买粗制品，自己加工精制，再运销国外，其粗制品之购价也很便宜。

樟脑紫梗，到处皆是，年产额各约一万缅斤。又有一种叫作真荆草的，比樟脑还要多，遍地都有滋生，可以在它的茎或叶子内析出一种很芳香的白色结晶，属艾纳香之类，功用和冰片差不多。野生树胶随在皆有，在马来、暹罗一带树胶尚未大量生产以前，每年曾出口过三百多担，目下因人才、资金、劳力、运输及种种因素的限制，已没有人从事生产了！此外还有很多值得开发的事业，不及一一介绍。现在来谈谈别的。

十二版纳的民族是很复杂的，但是归纳起来，还是一种——蒙古利亚种。就中以和暹罗民族相同的这种人，叫作摆夷的为最多，语言文字风俗习尚，都与暹罗相差无几，懂得暹罗或缅甸掸邦语言的，到那个地方是一点困难都没有，国语也勉强可以通行。至于人民的性情，甚为和平，崇尚自由，富互助精神，对我们汉人，相当尊敬，他们是很爱客的。

他们的婚姻，是以爱情为目标，绝对自由，不假父母之命，媒妁之言的。采小家庭制度，很欢喜和汉人联婚，他们的家庭观念比较薄弱，他们是把家庭观念扩充到社会观念去的。

他们的田土是村公有的，鄙人在《波光》上已介绍过了，房屋也可说是公共的，因为他们村子里的房屋，大都是互相帮助而建筑成功的。各位侨胞到了那个地方，如果能够同他们合作起来，那么竹楼茅舍，他们是很欢喜帮助你建造起来，他们一概都是竹楼茅舍，要住高楼大厦，那就一时做不到了。

因为他们的社会是以劳力做基础，所以盗贼就很少很少了，在途中失去的东西，常常可以得回来，忘记了闩门睡觉，是不会遗失衣物的。他们的社会，是一个很有趣味的社会啊！

至于到车里十二版纳的程途，现在缅甸峒巨的公路，已通至景栋。由仰光乘火车一日至大市，次日经海和至瑞仰下车。改乘汽车行十二里至峒巨，又二日之汽车即达南掸邦之重镇景栋。由景栋步行或乘马三日至滇边亦即十二版纳之边境景洛地方了。到五福去经营农业；到佛海去经营商业，或是到产矿的地方去开掘矿产，都是可以的。

亲爱的侨胞们，离乡背井，远涉重洋，到南洋地方，在重重缚束之下讨生活，不惟不有被巨大压力消灭掉，反一天一天地发展起来，这种伟大的魄力，拿到祖国边地开发去，其发展是更不可限量的，这样伟大的事业，除了亲爱的侨胞，是无人能做得到的。

至于具体的办法，须得请黄先生及各位侨领向领事详细商筹，对于侨胞到十二版纳开发去，只要鄙人能效力的地方，自当勉力以赴。现在时间也不早了，不能作更详细的介绍，还得望各位父老兄弟亲爱的侨胞，多多原谅！

民国廿年三月六日于仰光

南洋失业华侨与开发边疆

华侨之南洋　　南洋华侨之失业

失业华侨之救济办法　　到边疆去

南洋失业华侨与滇边

光明灿烂之南洋，在百数十年前，不过一群荒岛而已。假使不是我国侨胞，把宝贵之血汗不断地渲染着，绝对不能达到如斯境地——光明灿烂之南洋。萨拉瓦前王查尔斯布罗克言："使南洋而无华侨，吾人将一无所能。"[①] 华侨在南洋牺牲之巨，贡献之大，可以概见。

年来世界各国，经济衰落，百业凋敝，失业问题，为一般之普遍现象，南洋自不能例外。加以胶锡价格，一落千丈；最近米市，又一跌再跌，我南洋侨胞，遂不免遭到同一之命运。去今两年，失业人数，达数十万，侨胞在海外失业人数之众，为空前所未有；缅甸方面，则自上年华缅械斗以来，缅人排华之风潮，日趋扩大。服饰饮食等日用事业，缅人皆自起经营，实行对华侨经济绝交，相率不买华人货物，因是而骤失所业者，亦不在少数。山邑[②] 地区侨胞，且时遭缅人劫杀，至今未已。侨胞生命财产，日在狂风暴雨之中，情势险恶，达于极点！侨胞中之较为富有者，或纷纷移往仰光等繁盛市区，或奋然归国，以避免不测，惟有哀苦无告之大多数失业劳工，既少余资，归国不得，

① 见钟佐衡《西婆罗洲之现状》。

② 华侨呼南洋内地小县或乡村及僻远之地曰山邑，即乡下之意。

而留住亦不可能，陷于进退维谷的境地，惨痛万状！

把失业侨胞救济回国，这固然是目前一件不得不如此之办法，但是回国之后，又将如何安置？南洋侨胞，以闽粤籍民为多，将尽资助而回籍乎？今闽粤已苦人稠地密，方谋向外发展之不暇，安能一时容纳如许失业人数？余在仰光时，因目击失业侨胞日就施粥场所求食之惨苦，又回想滇边千里沃壤，但得一举手一投足之劳，即足以坐食周年，天府之域，竟荒废不治，乃先后在《仰光日报》及施粥场将滇边实况，作简略之介绍，希望侨胞合力将失业劳工，合资送往边疆，从事开发。一来可以解决侨胞失业问题，再则可以充实边疆，巩固国防，而所投资本，将来亦不难遂渐取偿，利益莫大。本年三月中，仰光近郊九文台制酒厂主梅县蔡若痴君，且亲往滇边普思沿一带——车里土司十二版纳调查，作内移之准备。

前已言之，南洋在百数十年前，不过一群荒岛，现在则光明灿烂，一切的一切，无往而非我侨胞胼手胝足之结晶。侨胞离乡背井，远适异域，内无祖国丝毫之保障，外受居留地政府之重重剥削，百番压榨，不惟不自消灭，反蒸蒸日上，长足发展，造成今日“无华侨即无南洋”之境地，如此精神，如此毅力，若能转移方针，作充实并开发边疆之工作，既无外力之压迫，又可得内国政府之保障，数十年后，万里边荒，不难化为锦绣山河，永作长城，如此则无形中足以遏止强邻觊觎之野心，消弭未来之边串，一举而数善兼备。

大规模之移殖，自以东北、西北为唯一地域，可是救济南洋失业侨胞以充实边疆，则以移实滇边为最适合。滇边界线延长数千里，毗连越缅，密迩南洋，第一为交通便捷，其次则气候相宜，由南洋达滇边之道途有三：一由盘谷经景线至车里土司地；一由仰光经曼德勒、八募至滇西边界；一由越南经老街至河口，就中以第一路为最便，费时不过旬日，费用不过三十余元。滇边气候，就南部言，温度最高华氏九十度上下，最低五十度，年分干湿二季，与广州南洋大致相同。当清末宣统元年，猛遮土司负固为乱，清政府征调滇湘军旅近万人赴之，未及半载，疾病伤亡过半，战力丧失。后得一营粤军增援，方告克复，而鲜瘴亡者。此部粤军，今犹多数健在。又滇南河口，亦一班人所视为瘴乡者。而闽粤人处之泰然，此为闽粤人适宜于滇边气候环境之最好明证。

滇边西南部普思沿边一带之物产，与南洋亦大致相类，如树胶、甘蔗、樟脑、椰子、紫梗、棉及茶等，遍地皆是。侨胞从事开发，足资熟手。至边地土族，大多数为爱好和平自由而以互助为社会基础之摆夷民族，与汉族感情，素称融洽，互通婚姻，已非一日。果能待之以诚，绝不至有仇视之现象。

滇边地旷人稀，土地公有，每方里居民平均不过二人，如每平方里以容纳十人计，即小小车里土司地面，亦可容纳八十万以上之移民，整个滇边，至少可以增加五六百万以上之移民，此不过就最低度说法耳。

现在失业侨胞，日多一日，窃以为移实边疆，较诸各归乡土，依旧失业之为益，斯亦救济失业侨胞，无办法中之小小途径。欲图收回边疆失地，非先从充实边疆着手不可，将来由南而北，推而上之，以至康藏西北，并非不可能之事。深望海内外同胞，共起图之。

民国二十年六月十九日于南京（载《新亚细亚》二卷六号）

上中央侨务委员会救济南洋失业华侨移殖边疆意见书

为条陈救济南洋失业华侨移殖边疆意见以备采择事：窃年来南洋失业华侨，日多一日，数目之巨，为华侨有史来所未曾有。加以外人奴视，土人排斥，其境至苦，而遇至惨，是非亟图有以救济之不可。救济之道虽多。而移殖边疆，要一端也。窃以为移殖边疆，厥有三利，充实边疆，巩固国防一也；开发边荒，促进边地生产，利民富国二也；根本解决失业难题，一劳而永逸三也。我国边疆万里，究以何地为最适宜于南洋华侨之移殖，不得不有相当之考虑也。第一当注意移殖地之气候水土，是否适宜于华侨身体之健康，最近报载吉林移民，因气候水土不服而死亡至五分之二（五百人中死二百余人），可为借鉴；其次当注意边地民族之是否良善，能否与移民相安，否则动启边衅，未得其利，先蒙其害，不可不察也。查我国边疆广阔，然欲求适合以上条件，则不多见，有之其唯滇边乎。而滇边之中，又以车里土司地一带为最适宜。车里在滇省西南极边，东南界法越，西南界英缅，面积十万余方里，人口十六七万，地居热带，气候和平，寒燠得中，平均温度大约在华氏七十度上下，水土亦与南洋无大差异，尤适于闽粤人之居住，当清宣统元年，猛遮土司作乱时，滇湘军旅万余围攻，因不服水土，死亡过半，后得一营闽粤军勇，方告弭平，而鲜瘴亡者，此部军勇，今犹多数健在；又河口一带，在滇人则视为瘴疠之乡，以为畏途，而闽粤人则处之泰然，南洋华侨多数为闽粤籍，此南洋华侨适宜于滇边水土气候之明证。至车里民族种姓虽然庞杂，而大多数则为天性和平，爱好自由，从尚互助之摆夷民族，与汉人素称融洽，互通婚姻，已非一日，当不致发生与移民不睦现象。兼之密迩南洋，交通便捷，所费不多。至于物产之丰富，亦无一不与南洋一带相类似。如树胶、甘蔗、椰子、茶、樟及舍来克等，大都野生，遍地皆是，华侨从事开发，尤足以资熟手。查车里土司地旷人稀，平均每方里不及二人，每方里最低度以容纳十人计，至少尚可以增加八十万以上之移民。安插失业华侨，绰有余裕。夫南洋在百十年前，不过一片荒岛而已，设无华侨，绝不能达到如斯境地——光明灿烂之南洋。南洋能有今日之繁荣，举凡一切，无往而非我华侨胼手胝足之结晶。华侨离乡背井，远涉重洋，内无祖国之丝毫保障，外受居留地政府之重重剥削，百番压榨，不唯不自消灭，反蒸蒸日上，长足发展，造成今日“无华侨即无南洋”之境地。如此精神，如此毅力，若能以之作充实并开发边疆之工作，既无外力之压迫，又可得本国之扶胁，数十年后，万里边荒，不难逐渐化为锦绣山河。如此则无形之中，足以遏止强邻觊觎之野心，消弭未来之边患，窃以为一举数善，舍此莫由。用敢敬陈管见，以备采择施行。

二十年七月一日于南京

按：此案后经中央行文云南省政府办理。当时主持省政者为龙云，龙因左右反对而搁置。读者阅下文附录之云南省督学李文林：《思普边情及治边意见》一文，即可得其消息。

《云南边地江外各县调查》书后

治国如治病，不明病原，而妄投药饵者，鲜不偾事；治国何独不然。昧于国情，而曰我之治术足以出斯民于水火，登衽席，虽三尺童子，当亦知其为不可能之事也。

顷阅李文林竹村先生《思普边情及治边意见》和《云南边地江外各县调查》[①]大作，关于慎选边官，提倡教育两大端，极佩卓见。惟于边情各节，似与实际情形，有不少出入，窃以为于国计、于学术，不无关系，爰不揣固陋，就多年来研究所得，敬举数端，以质高明：

李竹村先生曰：云南普思沿边“古称十三版纳，景洞系一版纳，已为英国占据，只有十二版纳”。按版纳乃摆夷语音译，原于巴利语，其训为府或州，亦可译为十二州或十二府。我国学者不查，遂就字面认为版图归纳之义，误矣。所称版纳，又有乾折版纳与幹朵版纳之分：对中者称乾折版纳，即钱粮版纳；对缅者称幹朵版纳，即礼聘版纳。其区分如下：

第一版纳：顶真、猛海、猛阿、猛养、猛宽、猛醒、猛远。

第二版纳：猛龙（亦作猛笼）。

第三版纳：猛遮。

第四版纳：猛滘（猛板附）、猛腊（补角补竜附）。

---

① 李竹村《思普边情及治边意见》一文，载二十一年九月十五、十六两日云南《民国日报》；《云南边地江外各县调查》一文，载二十一年十月二十八日上海《中华日报》。两文标题虽异，内容则一。

第五版纳：六顺、整董、猛旺、竜得。

第六版纳：景晄、橄榄坝（猛罕）、猛仑、猛崧。

第七版纳：猛满、猛康（即猛亢）、景洛。

第八版纳：猛捧、猛润、猛漭。

第九版纳：普藤。

第十版纳：猛拉（猛伴附，按猛拉即思茅）。

第十一版纳：猛乌，乌得。

第十二版纳：倚邦、易武。

上列十二版纳之次第及配属，系前猛遮土千总刀忠良君代由歹泐文（即十二版纳通行之水摆夷文）典籍录出者，一仍其旧，与中籍所载者不同。为数凡十有二，故曰十二版纳。或一猛[①]为一版纳，或数猛为一版纳不等。同一版纳，而疆域又不必尽相毗连，但求户口及田土面积大概相等，可以均等负担一部分钱粮者，即秦越亦可并作一版纳计，如猛腊之与猛滑[②]是也。其对缅者，或谓因缅人例外之苛索，必得析第六版纳之景晄，即宣慰使直辖地另为一版纳而为十三份征贡，是为幹朵（缅语纳贡之义）版纳，或称十三版纳以此，但据《泐史》所载，祖腊九三四年（西元一五七二年）车里礼聘阿瓦，则仍仅十二个单位。其区分如下：

第一版纳：景晄、猛罕等宣慰使直辖地。

第二版纳：猛遮、景鲁、猛翁。

第三版纳：猛龙。

第四版纳：猛滑、猛板。

第五版纳：顶真、猛海、猛阿。

第六版纳：景洛、猛满、猛昂、朗妾、猛康。

以上为江西六版纳

① 摆夷语州、县、郡、国曰猛，一猛即言一县或一个地方。

② 猛滑属今佛海县，猛腊属今镇越县，中隔猛海、猛龙、车里、橄榄坝、猛仑、猛醒、猛远等地。

第七版纳：猛腊、猛半。

第八版纳：猛岭（即普腾）、猛旺。

第九版纳：猛拉（即思茅，并包括六顺）、猛往。

第十版纳：猛捧、猛润、猛漭。

第十一版纳：猛乌妄、猛乌得。

第十二版纳：整董、播刺（即倚邦）、易武。

以上为江东六版纳。

至我国所云十三版纳，则又系以每一土千总，或一土把总地为一版纳计：车里宣慰使司，原辖有六顺土千总，倚邦土把总、易武土把总、猛腊土把总、橄榄坝土把总，猛遮土千总、猛阿土把总、猛龙土把总、普藤土千总、猛旺土把总、整董土把总、猛乌土把总、乌得土把总等十三土司地，故曰十三版纳。又《普洱府志》：顺治十八年，吴三桂以普洱、思茅、普藤、茶山、猛养、猛暖、猛捧、猛腊、整歇、猛万、上猛乌、下猛乌及整董为十三版纳。自猛乌、乌得两土把总地割归法属而后，即已不复有十二版纳矣！至于景洞，向在十二版纳之外。元为耿冻路，明永乐初，设孟艮府，隶云南都司，后为木邦、缅甸先后所并。清乾隆三十一年清军讨平莽缅，又复内属，置土指挥使。光绪十二年，英人进略上缅甸，清室不能维护，遂亡。景洞并非十二版纳中之一版纳，史乘具在，可考证而知也。

竹村先生曰："江外之车里……一切风俗习惯，完全与江内不同。"按江内之猛腊、猛捧、普藤等地，不惟人种、风俗、习惯、语言及文字完全与江外各地相同，其地面之广袤，摆夷百分比之高，亦不亚于江外之车里、佛海及五福等县，以言施教，似当一律。

竹村先生曰："但全境民众，仍只知土司宣慰司之命令是从，各县长政治设施，必由土司宣慰司转达民众，乃可畅行有效。"按一般土民，实并无只知土司宣慰司命令是从之绝对倾向。现下各县政府命令之必由土司宣慰司转达民众者，其根本原因，在于言语文字之隔阂。

第二殖边督办禄国藩介卿先生，前在普洱有缅文讲习所[①]之设，盖鉴及此。其次则各县长官之偷惰阘茸，贪污苟贱。实有以启之。县政如包办，上至秘书科长，下及厨工水火厮役，不肖县长，盖无不思一人扮演，囊括一切，佐治既告乏人，一切政令，自不得不委诸土司宣慰司，大权旁落，造成人民唯土司宣慰司马首是瞻之趋势。此后省府一方面但能勒令沿边各政治工作人员，必须于相当时期，娴习摆夷语文，务使能直接发布命令，不假转译；另一方面，除如竹村先生所言，边官须慎选出之而外，并须严定县府组织，课其勤惰，检其贪廉，严明赏罚等，即足以救此弊。又查年来各县长官中之比较贤良者，土民颇为拥戴，每思能直接汉官，而脱离土司之压榨。盖以各地土司苛派繁多，举凡生养死葬，以至骄奢淫乐之所费，无一不唯土民之头上是问。土民供应土司头目人等之数，远超于汉人政府之赋役故也。倘得贤能边吏，复能通晓摆夷语文，则所有政治设施，自勿须土司宣慰司之转达，而发号施令，径可畅行无阻也。

竹村先生曰："查沿边气候，极为炎热，瘴气无地无之。若于夏秋之交，而新适其地者，不死即病；于冬春二季前往，仍可居之怡然。"此亦未可一概而论也。沿边区域辽阔，地势高低不一，故气候亦颇不能一致。如车里、临江及镇越之猛腊、猛捧一带，其海拔较低，自然燠暑，然温度最高不过华氏表九十四五度。车里间有一二年达一百〇八度者。然一年之中，最多不过一二日；而一日之中，最长不过一二时已耳。其他海拔较高之区：如五福、佛海及六顺等县，温度最高八十八至九十二度；最低四十度。通常不过七十度左右，可称温和。至于说："若于夏秋之交，而新适其地者，不死即病。"此言于百分比率，有无科学根据？窃以为当视其人之体质素因，与夫摄生条件如何为断，不能完全归罪于地方气候也。若不知摄生，"冬春前往"，亦未必能"居之怡然"。边地虽称瘴乡，然亦未可一概而论也。

---

① 民国十九年，普洱第一区殖边督办禄国藩介卿在普洱办一缅文讲习所，实即讲习摆夷文，盖国人误摆夷文、老挝文（见《清史稿》）为缅文，相沿不考，以讹传讹者久矣。

竹村先生曰："因摆夷即系马来人种。"按摆夷为古百越的一支，唐、宋载籍作白衣，元时作白衣或百夷，亦作金齿百夷，明作百夷，至清始有摆夷之名[①]。滇东南开、广一带之侬人，滇南之沙人，广西之壮人，贵州之仲家、水家，湘、黔、桂三省毗连地带之洞家（近作侗），越南三邦之一之老挝，缅甸之掸人及暹罗之泰人，皆此种民族也。其自称曰歹（近作傣），盖自许为自由及高贵民族之谓。其人发粗直，带黑色，肤色黄褐，头短、颜面广阔，颧骨突起，鼻广而低，口大，眼稍做斜状，与汉族大体相同，崇奉佛教，语言为单音语，属蒙古利亚种印度支那支族之一种黄褐色人种。至于马来人，则为马来种马来支族之一种樱色人种，发直而柔，呈墨黑色，肤色暗褐，头长，颜面作椭圆形，颧骨低，鼻大，唇厚，此其一般之性质也。崇奉回教，语言为复音语。两相比较，相差很大。今竹村先生曰"摆夷即系马来人种"，愿得闻其详。

竹村先生曰："摆夷使用缅甸语文字。"现今一般人均认此方摆夷所用之歹泐文为缅甸文，此乃未细加考察之故。按摆夷使用之傣泐文。为一种衍声文字，由字母（声母）与发音符号（韵母）组合而成。书法横衍右行如欧美各国文字。一般人以其所用字母外形与缅甸文字母大体类似，遂指为缅文，其实与缅甸文字大相径庭，亦犹英法文然，虽同用罗马字母，但不能遂指英文为法文，或指法文为英文，更不能指今之国语罗马字而为英文或法文也。与暹罗文则大同而小异，盖同出一语源者，不过外形之差异，则反较缅文为大耳，傣泐文字母四十一，加复合母十五而为五十六。有正音，有变音。单独应用时读变音，与符号并缀时读正音。符号二十一，衍化可至百余。并法简易，但能认识其字母符号音读及并法者，即可阅读。又傣泐文有阴平、去、阴入、上、阳平、阳入等六声。举凡音读、正、变、并法、点声等，皆与缅甸文字不同，至于文法，则缅文动词在名词之后而傣泐文动词在名词之前；缅文有所有格代名词而宾主位不倒置，傣泐文通常不用

① 白衣、百夷、摆夷，疑均为布依之异译。

所有格代名词而宾主位倒置。又缅文不分单数或复数，傣泐文则单数数词置于量词之后，复数数词移置于量词之前，以为单数复抑复数之区别，尤属根本不同。兹略举缅语及傣泐语于后，以资比较：

缅语吃饭曰特敏咱，缝衣曰音极巧，建造房屋曰恩扫，特敏为饭，咱为吃，音极为衣，巧为缝，恩为房屋，扫为建造，动词俱在名词后：傣泐语吃饭曰金豪，缝衣曰耶设，建屋曰帮很，金为吃，豪为饭，耶为缝，设为衣，帮为建造，很为房屋，动词俱在名词之前。

缅语我的父曰尊多以阿披，尊多为我，以为的，阿披为父，有所有格代名词而宾主位不倒置；摆夷语我的父曰波好，波为父，好为我，无所有格代名词而宾主位倒置，又缅语一匹马曰敏得扛，二匹马曰敏聂扛，一个茶杯曰勒佩耶薄杠得笼，两个茶杯曰勒佩耶薄杠聂笼。敏为马，得为一，聂为二，扛为匹，勒佩耶为茶叶，薄杠为杯，笼为个，数词皆在量词之前，不分单复数。摆夷语一匹马曰麻多楞，两匹马曰麻双多，一个茶杯曰玩旯内楞，二个茶杯曰玩旯双内。麻为马，多为匹，楞为一，双为二，玩为碗，旯为茶，内为个，数量词虽如缅语之在名词后，但单数数词置于量词之后而复数数词置于量词之前，与缅语之不分单复数者不同，因限于篇幅，不能多为举证。总之，缅甸语文与摆夷语文，绝不相同，无一似处。深盼此后研究摆夷语文字之士，勿再人云亦云，一口咬定摆夷语言文字即缅甸语言文字，使阅者如堕五里雾中，遗学术上无穷之纷扰！

竹村先生曰："凡知边情者，皆以移民开垦诸大端为急务。殊不知已有之民而不能管理教养之；已种之田而不能耕耘之、改善之，舍近求远，徒事铺张而已。"又曰"摆夷既能耐瘴，应即以改善其生活为前提"。所云已种之田而不能耕耘之、改善之，此亦未能深知现实边情者之言耳。请问，耕耘之改善之之最终目的，是不是希望劳力少而收获多？若然，则余敢大胆而言曰，十二版纳摆夷农作劳力之少，收获之丰，已属难能可贵了。十二版纳天候温暖，无旱无潦，土质肥沃，摆夷只须于五六月天雨满田之时，一次耕种而后，即可不闻不问，无须耘耨，秋后自然丰收，一年农作时间，统计不过二三十日，而收获之丰，往往足供二三载之需。人食而外，以至犬马鸡猪，无不以米谷为饲料。他如酿酒杂耗，每年消费，为数亦巨，然而米价之贱，历来皆为内地所不及。盖生产多而消费少故也。当今地旷人稀，交通梗阻，运输不便，摆夷草草耕种，已有供过于求，谷贱伤农之慨。若再将“尚未开垦者居十之六七”之地，舍远求近，不假移民，即以原有有限之土著居民而一并耕耘之、改善之，不将更有谷满之患乎，亦事实所不许（劳力不足）也。夫移民开垦，对内可以消减因人口过度集中而引起之一切病态：如失业盗匪等严重问题，并可开发富源，增益国家富力；对外则开发荒地，充实边疆，巩固国防，可以绝外人觊觎之野心；借可沟通边民知识，消弭隔膜，与内地住民，打成一片，休戚与共，杜外人之离间利用，永绝边患。如果一般伟人先生，能相率到边疆开发（不专为云南沿边说法），则多年来循环往复之内战，或亦可因而消弭下去，利莫大焉。按思普沿边新改各县地积，达十万方里有奇，而人口不过十六七万，平均每方里居民不及二人，每方里最低度以容纳十人计，至少尚可增加八十万以上之移民。如此地旷人稀之区。若不假移殖，徒事改善原有之少数土著居民之生活，听任边疆重地，长此空虚下去，实非计之得者。边衅但开，何以为御？舍远求近之结果，不过使边地长此空虚，大好山河，荒置无用；何若“舍近求远”之足以充实边疆，巩固国防之为益也。须知吾人主张移民实边，殆有不得已者在，岂可视为对付“征服之邦，殖民之地”之举措乎？至谓“摆夷能耐烟瘴”，移民恐不耐烟瘴，恐“不死即病”。然而独不可尽能耐烟瘴之民而移殖，而定“冬春两季”为移殖之期耶？果如李竹村先生所言，移民开垦为“舍近求远”为“徒事铺张”，则殖边机关，概可裁撤，政府又何必虚糜纳税人之无数血汗于无用之地耶！至于年来殖边署之实际工作效率如何，则又另一问题，不能因噎而废食也。以改善原有土著民为借口而非移民殖边之远大计划者，曩得闻诸一二贪污边吏之口；彼辈利在民愚，诚恐一旦移民增多，边民智识随之增长，足以障碍其搜刮之道也，奈何有识者亦从而和之，是诚足阻碍政府远大之谋，而贻边疆于无可开发繁荣之望也。至于能否教养原有居民一层，似与移民殖边，风马牛不相及，兹不多赘。

二十二年三月三日于佛海，
载同年十月十五日上海《朔望》半月刊第十二期。

附李竹村：《思普边情及治边意见》

查沿边各县区，系另成一范围，东南界法越，西南界英缅，西北界澜沧，正北界景谷思茅，东北界宁洱、墨江、元江，东南西三面，均与英法二强国接壤。界线长至一千四百余里。幅员由东至西千余里，由南至北约七百余里，古称十三版纳，景洞系一版纳，已为英国占据，只有十二版纳。合计十二版纳，共有人口十六万人，澜沧江由北而南，中贯十二版纳中心，俨然成为江内江外之形势。江内之镇越、六顺、江城等县区则汉夷各半。各项建设，已略有基础。江外之车里、五福、佛海、临江各县区则百分之九十以上俱为摆夷，一切风俗习惯，完全与江内不同。督学此次南行，亦系由思茅经普文、六顺而渡江，凡江外之车里、佛海、五福等县，除学务外，一切政教风俗，均已附带调查，兹就江外各县区情形，为钧长详陈之。（一）改流设县之经过：查沿边虽自大德元年用兵设官，当时不过称臣纳贡而已。数百年来，屡反屡平。至清末，始完全克服。民元边防督办柯树勋乃条呈治边十二事，于是立改流之基础。分十二版纳为六个行政区，于车里设总局，柯氏任局长，遂相沿至十五年，号称无事，竟有世外桃源之称。惟柯氏十二条陈第二款筹款原文“今拟略仿英人之于孟艮办法，每户每年征二元，以半数归土司。以半数归汉官”，相沿至今，未曾改变。其余若学堂、实业、邮电、开垦各事，至今无一成绩之可言。柯氏久居边地，隐以孔明平蛮自负，喜功专制，渐萌部落割据之念。民十七，道尹徐为光改行政区为县治，遂有广人两次战事，徐氏改县，心切意在提高其政治地位与内地各县共同进展，而于沿边之政治地理，似少深刻之观察。改县以后，仍相述柯氏之十二条陈，流弊百出，善政无一表现，故人民至今，尚多追思柯氏者。查柯氏固有征服之功，惜无根本治理之才，徐氏只知提高政治地位而不明沿边之社会地理，此改流设县之大概经过也。（二）汉夷之政治现状：查沿边虽由行政总局改为县治，但全境民众，仍只知土司、宣慰司之命令是从。各县长政治设施必由土司、宣慰司转达民众，乃可畅行有效。车里宣慰之下，有议事庭，凡属政令，必由议事庭通过，乃发生效力，完全为合议制。人民田土公有，婚姻自由，偶有纷争，多由议事庭解决，汉官可以安坐而治，终年不开堂审讯，监狱亦鲜囚犯，非亲履其地者，绝不能意想如是之政治现状也。（三）气候物产与社会情形：查沿边气候，极为炎热，瘴气无地无之。若于夏秋之季，而新适其地者，不死即病，于冬春二季前往，仍可居之怡然。现车里、五福、佛海三县，迁居之汉人，已逐年增加。物产樟脑、紫梗、棉花、谷米为大宗，平原广远、肥沃润泽。尚未开垦者居十之六七，诚天富之区也。社会情形：因摆夷即系马来人种，居处又为炎热之地，信仰佛教，使用缅甸语文字，故一切习尚风俗，与汉人迥然不同。（四）边官应特别注意教育：查沿边既属政简刑轻，即可乘此时机，推行教育，使民智提高，渐脱土司之专制而免汉官之鱼肉，欲改善其生活，打破其迷信，若不注重教育，皆舍本逐末也。（五）治理沿边之管见：凡知边情者，皆以移民开垦诸大端为急务，殊不知已有之民而不能管理教养之，已种之田而不能耕耘之，改善之。舍近求远，徒事铺张而已，治理沿边，厥有数端：1.首宜认清为极边远之区，绝不能与内地相提并论。气候炎热，瘴雨蛮烟。摆夷既能耐瘴，应即以改善其生活为前提，不可视为征服之绑，殖民之地。2.摆夷既系异种，其原有之宗教文字，仍许其信仰学习，地方官但能因势利导，随其性而教之，灌输以常识，令其学习汉语汉文，使知汉人语文之利益而明了国家观念，不致为野心操纵鱼肉。3.摆夷田土公有，婚姻自由，乐善好施，谦让和平，几为欧美文明国家所不及，极应光大发扬，不可视为蛮风，一切破坏。4.将来汉夷杂居，对于夷人应有相当保障，不可听汉人之侵越剥削。以上四事，实为改良之策，治本之图也，至若听其自为风气，因于统一主权与行政系统上发生障碍，但其宗教文字与良善风俗，仍应培养保存。即不能高谈孙总理民族自决之说，最近限度，亦应予摆夷如回教在中国信教服食自由同等之地位。若得政府慎选边官准此方针治理，并特别注重教育，不惟土司威权，日见崩溃；汉官法令，人民亦乐于接受，逃入英缅法越之人民，必不禁而止。与视柯氏之征服割据与徐氏之徒提高政治地位，增加人民负担，当迥乎不同。不独沿边二万户苍生，出水火登衽席，凡居滇边之摆夷十数万众，亦同庆更生矣。

关于《到普思沿边去》一文中的几点说明

楔　子

已经是两年前的事了，那时我还在佛海，云南边地问题研究的编者饶绍伯先生来信说：昆华民众教育馆准备出版一部研究云南边地问题的专集，要我撰写一篇有关普思边情的文字。信中并且提及李文林竹村先生已有一篇五六万言的长稿，投寄到馆。奈俗务纷繁，弗暇握管，即绍伯先生的信，也未及作覆。绍伯先生不以为忤，上卷出版，很快的惠寄一册，意思是在鼓励我快点儿动笔，终以尘事碌碌，到底还是交了白卷！

最近在朋友处得到下卷，成了完璧，材料丰富，印刷装订亦佳，为近今研究云南边地问题极为难得的一部巨大论集。尤其是有关研究普思沿边一带问题的文字，特别来得多，占了下卷份量（四四八页）的过半数（二三八页），足见国人对于界逼英法两强之冲的普思沿边，已逐渐重视。其中特别使我感兴趣的是李文林先生《到普思沿边去》那篇洋洋巨著。文林先生能够在短短的时间，有这丰富的收获，不能不令人深致惊佩！

说起这一部书，英印政府，现已译成英文研究，他们称之为黄皮书。在加尔各答《政治家报》上，已有所评论。对李景森君《葫芦王地概况》一文，颇有抨击。同时并在图书博物馆招待一些记者，放映卡瓦山的幻灯片，以为其抨击之佐证。但是问起侨胞，尤其是滇侨，竟尚无人获知云南已有这部《云南边地问题研究》巨著出版。至于李景森君那篇概况的内容如何，外人的批评当否，与此无关，且不具论。但于此足见外人对此书的注意，诚有如绍伯先生所说，甚于吾大中华民国所抱的兴趣为浓厚也。

我现在所要加以说明的，就是下卷李文林先生那篇《到普思沿边去》一文中，对吾人拟办的边地公益事业，如边民学校以及救济南洋失业侨胞以开发边疆的主张等等的不惜捏造黑白，任意栽诬；对边疆地理、民族、语文、物产等的认识纰缪，不得不予以驳斥和纠正，以澄清视听。

吾人没有文林先生那一股武断精神，未敢肯定地说：文林先生对于吾人捕风捉影的批评、栽诬，有无意气用事，故意离开事实、混淆视听，以遂私图？不过觉得文林先生所说的，与吾人事先公开发表过的以及地方上关心边疆建设之士，几经调查，反覆研讨规划的，均大有不同。譬如黑夜东向行军，星光虽微，然而凭借闪烁在左边天空的北辰指引，我们是不会走错方向的，文林先生硬说我们是走向西方去了，我们有何办法能把弯牛角扳得直呢！我们只有再郑重地向文林先生说明一声，我们确是向东方走的啊，如果不信的话，只有等到明天天亮的时候，日头出在我们的前面，那时你再来看罢！孟子曰：“予岂好辩哉，予不得已也。”今且先由边民学校说起。

第一点　边民学校

关于边民学校之筹备，在当时实在是一种需要，而不是所谓“为独树一帜的好奇心所驱使”，若仅凭所谓为独树一帜的好奇心所驱使而办教育，则真末道矣。并且这种需要，不唯在当时公立学校仅有二十余生徒时为然，即公立学校增设至七八校，学生增至三数百名之现在，这种需要的程度，也还不见得减低下去。以拥有三万人口之当时佛海，仅有三班二十余名学生，就学人数不及千分之一，而文林先生竟谓为已达“首屈一指”之境地，指学校之增设为“锦上添花”，这是我们所不敢苟同的。

文林先生又特别为周文卿君捏造不少歪曲不实，捕风捉影的话，以为攻击的借口曰：“边民学校设备……使学校家庭化，学生生活阶级化，学校环境优美化……使儿童乐于入边校而不乐于入缅寺，亦不乐于入教会学校，更不乐于入公立之汉文学校。”文林先生，你不是明明说周氏商人，究说不出学校宗旨何在吗？那么这几句漂亮的话，是谁杜撰出来的呢？那只有文林先生不打你自招，你自己心里明白，要你自己负责了。

至于边教经费，我们原是计划请当地殷商自由乐捐及向南洋各地友好请求资助，但均尚未开始发动。今文林先生曰：周君仍还是在老百姓身上打主意一层（文林先生所引用周君之言，是否真实？尚待函询。）照文林先生的语气，似乎是要完完全全由“各大商捐款”来办，才不为向老百姓身上打主意。于此我得先问一问，各大商是不是也应该算为老百姓之一分子呢？若然，纵边校经费完全由周君个人或完全由所谓“各大商”支付，那依然不外由老百姓身上打主意也。且天地间公私立学校之经费，除了直接或间接地向老百姓身上打主意之外，难道上帝会由天上掉下一笔款子来给人间办学校吗？若所谓“各大商”在文林先生的法律中不能算为老百姓，则又当别论也。

民国十八九年，佛海独一无二之县立小学校，系设立于县府左侧的一间茅屋里面（樟脑公司旧址），生徒二十一二名，都是汉人子弟。那时主持教政之潘镇乾老先生公开反对吸收土民子弟入学。这当然不是政府的意旨，可是吸收土民子弟入学，在那个时期，便无法做到。而当时学校之一切施为，亦颇不能满足一般在学学生家长的愿望。由于一般人们共同的要求，所以才有边校之筹议。当本人旅游京沪闽粤南洋时，并曾与若干友好，详为研讨，深荷赞许，并承考试院戴院长传贤题赠边校匾额，凡事公开，并无不可对人言者。召开第一次筹备会议时，曾邀请主持教政者参加指导。经启事声明，边校宗旨很简单：

提高土人文化水准，促进汉土文化交流，融洽汉土居民感情，互助互赖，共存共荣等数端而已。启事并特别声明，边校仅收容公立学校不收之土民子弟。同时并宣告：如果公立学校能充分收容土民，能满足一般希望土民能同受教育之人士之愿望时，则我们所筹备的一切，可以完全提供于公立之学校，对于教育，实无所谓公私之界。最近周文卿君，因鉴于公立学校已逐渐改进，已兼收土民子弟而苦于经费之不充分也，特慨捐巨款，建筑砖瓦街房三十一间，呈送县府，请按月收租，专作公立学校之长年经费，所制桌凳，亦同时移赠公立学校。凡此，即为一铁的证据。且周君并无后嗣。文林先生所谓"以诸君之子弟均可就学"，曰"破坏公学"等等，更不攻自破矣。

又文林先生认为边校内容系"勉强学步昆明市生生保育园、南菁小学"。当时边校校董中虽不少在国外曾参观过西人所办之中小学校及幼稚园，却并无一人曾经参观过位于昆明的这两个教育机构，梦想不出其中之办理情形，根本说不上"依样"葫芦也。

总之边校有缘起和简章，在文林先生未莅边以前，即经呈报县府立案，并油印分发。还有启事及会议记录。文林先生在佛海逗留半月余之久（根据文林先生日记），何不找这些材料作批评之依据，何苦捕风捉影，捏造黑白，任意借词栽诬。斯真百思不得其解？

第二点　救济南洋失业华侨以开发边疆

我在《南洋失业华侨与开发边疆》一文中有曰："当清末宣统元年，猛遮土司负固为乱，清政府征调滇湘军旅万人赴之，未及半载，疾病死亡，不战先困。后得一营粤军，方告克复，而鲜瘴亡者。此部粤军，今犹多数健在；又滇南河口，亦一般人所视为瘴乡者，而闽粤人处之泰然，此为闽粤人适宜于滇边气候环境之最好明证。"此文载《新亚细亚》二卷六号。不料文林先生竟在其《到普思沿边去》一文（一一八页）中，把它改为"滇黔湘三省之人，俱不宜在沿边，凡三省人之从军沿边者，其后皆死亡殆尽，惟适宜于两广人。凡两广人之从柯氏远戍沿边者，今皆安然无恙”。又曰：“某氏欲见好南洋侨胞，而不惜抹杀滇黔湘三省之人。”我真佩服文林先生罗织人罪之大胆，设先生一旦而为执法之官，那岂不是将随意之所至，擅改人民供词，而任便生死人吗？《新亚细亚》二卷六期，非文林先生一人之力所能尽毁，阅先生文者，设有复按，则先生引文之不忠实，其将何以服阅者之心乎？《普思沿边志略》载：“宣统二年正月……饬已革知县黎肇元查办乌得及猛海事，电请拿办遮海乱匪，许之。三月，肇元进兵攻夺蛮肺匪巢”，又“四月，迤南道杜庆元电请调兵剿办遮顶叛酋，哨升刘万兴、土兵管带李文才先后死之，督办刘成良在防瘴故，士卒病亡过半”，又“鏖战数月，耗费子弹甚多，无大胜负。惟时雨水盛发，烟瘴剧烈，我军病亡过半”。拙文所述“未及半载，疾病死亡，不战先困”者，即系根据于此。至何部为湘军，何部为本省军，则据诸文件及口碑。目击或参与斯役者，今尚不少健在，可资复按及征询。且上文系闽粤并举，为失业侨胞筹谋一足可发恢其劳力之地，安身之所；同时为国家实边固圉之百年大计，提供一得之愚，根据事实上之需要而鼓吹招徕则有之，见好则无必要也。文林先生又曰：“但吾滇人之安土重迁，不求发展，所谓穷走夷方急奔厂，此种轻视向外发展之态度，亦殊属错误之极。嗟呼蛮荒万里，亟待开发，男儿事业，改善民生，巩固南陲，勿让祖生先著我鞭也。”以滇人而开发滇边，当然是最理想之办法。我在缅甸时，即曾首先向旅缅滇侨鼓吹过，但所得的答复是：“那个烟瘴地方，怎可去得。”再则云南地域辽阔，原已地旷人稀，内地各县，尚多数未能开发尽利。人情好逸而恶劳，滇人之安土重迁，已如文林先生自己所说。且《南洋失业华侨与开发边疆》一文，完全是为救济失业侨胞之一种说法。南洋侨胞不仅闽粤两省之人（旅缅滇侨即有一二十万，惟清明前后，多数赋归），不过以闽粤两省之人数为最多，乃闽粤并举耳。我既生非百粤，亦未挂籍八闽，根本说不上见好，更说不上抹杀。须知闽粤与滇，并非敌国，政府能否采纳拙见，将失业华侨移实滇边，尚不可知；纵能采纳实施，也未见得即会于滇有损。文林先生不必在脑筋中横梗着一条省界，应把眼光心胸放远大点，用不着跟孟禄先生的尾巴跑，自惊伯有，大声“嗟呼”，“勿让祖生先着我鞭也”。同时我还得提醒文林先生一声，目前布满全滇各城市乡镇之云南人，十分之七八，都是由全国各省区或先或后移滇定居的，文林先生勿妨就旅游所及，向各个汉人家庭，洽借其家谱一阅，便可知其消息也。真正的滇省土著，恐不过十分之一二而已。此外，我还得提出一个异议：文林先生没有得到我的同意。竟擅自替我挂籍柳州，庶我不能承认！

第三点　地理沿革与茶产概况

车里一名，原统括车里宣慰司辖境而言。地本甚广，据《读史方舆纪要》所载：东至落恐蛮界，南至波勒蛮界，西至八百大甸宣慰司，西北至元江军民府界。又《云南通志》曰：其地东至元江军民府，西北通孟连长官司者乐甸。傣泐文历史曰：北以元江为界，南与景海为界，东与老挝为界，西以南孔（即萨尔温江）为界。至清末民初之车里宣慰司领域，则局限于普思沿边特别区范围，亦即普思沿边行政总局之辖境。然自民国十八年国府公布将普思沿边八行政区分别改为车里、佛海、五福、镇越、六顺五县及临江一设治区之后，由统括车里宣慰司全部辖境即十二版纳而言之车里，一变而为车里县一县之专名。于是车里一名，遂与车里县一名互相牵混（亦犹云南省之沿云南县而为名。不过车里县，系沿统括车里——十二版纳全境之公名，而缩小为一县之专名；云南则反是，系沿专指一县之私名，而扩大为统括全省之公名。其牵混则从同。所以后来逐改云南县为祥云县以为别）。文林先生未把车里与车里县分开，同时对于时地之沿革变迁及茶产分布之今昔情况闹不清楚。信口雌黄，危言耸听，一则曰“若由思普直往车里，在五六百里长途中，仍不见一株茶……盖当日沿边各猛属思茅厅管辖，思茅又属普洱府治（？）。以思茅代表沿边，以普洱代表思茅，以统治阶级之清政府，宜乎有此虚伪冠冕之名目。不意又有人以车里代表佛海、五福，虽较普茶差进一步，事实上仍与普茶同一虚伪。猛海（佛海）不惟产茶最多，且为江外商业中心……以其用车里，何如用九龙江”。再则曰：“此事虽小，影响实巨。以前划界大员，往往在地名书面上欺骗朝廷与国人，如往沿边，方到普洱思茅，即谓深入极边。丧失边疆，遗留悬案，虽其原因甚多，用代表名词以自欺欺人，误辱国体，实为主因。此种虚伪冠冕之观念，不及时打破，害正自无穷。”我真梦想不到短短一篇《西藏与车里之茶叶贸易》一文，竟引出文林先生这篇堂皇大议论。以原来统括车里宣慰司领域即十二版纳全境而言之车里一名，以为位于十二版纳中之车里、镇越、佛海、五福、临江等县区说法，竟有这么多这么大的罪状：曰“虚伪冠冕”，曰“丧失边疆”。曰“遗留悬案”，曰“自欺欺人”，曰“误辱国体”，曰“害正自无穷”。这种罔顾事实，信口雌黄，危言耸听，任意栽诬，胡乱给人披上赭衣之论？岂是一个负有崇高使命，督导一方教育事业者之所宜有，能不令人长太息乎？

根据文林先生日记，文林先生由宁洱到车里，系启道思茅，经老军田、普藤坝、景东砦、关坪、土锅砦、小猛养而至车里。这一条路线上，可惜尚无人发明植茶以作行道树，宜乎文林先生看不到一株茶树也。如果文林先生肯把宝贵的脚步向左右转进走走，别的不说，在土锅砦及小猛养之左近，当可看到车里县管下，周袤数百里不断之驰名全国之普洱茶之重要产区，名列六大茶山之一之攸乐大茶山也。

文林先生曰：“猛海（佛海）不惟产茶最多。”把佛海两字，用括号紧接在猛海两字之下，以猛海代表佛海。所以在第八三页遂有“汉人称沿边，夷人称十二版纳；今称车里，夷人称九龙江；称佛海为猛海；五福为猛遮”之语。把汉夷对沿边地名之分歧称谓及统括或专指之地名，未分别明白，缠夹不清！须知，佛海系包括猛海、猛混、猛板及景洛四个土司地而言，言佛海，则上举四个区域，皆可包括在内；而猛海不过为佛海县治所在之一个土司地区，不能用以代表佛海县，五福亦然；五福系包括猛遮、顶真、猛满、景鲁、旧笋、西定、蛮迈兑等七个土司土目地而言。言五福，则上举七个区域，皆可包括在内；而猛遮不过为五福县治所在之一个土司地区，不能用以代表五福县。至车里一名，在改县前，原系统括车里宣慰使领域亦即十二版纳全境而言。改县之后，演化为车里县一县之专用名称，前已交代明白。车里县辖有车里宣慰使司直辖地景洱及猛龙、橄榄坝两土把总司地，以及攸乐、景哈、猛养、猛崧等四土目之地。言车里，则以上七个区域，皆可包括在内。至九龙江，乃车里宣慰使司直辖地景洱之汉称。仅指车里县治所在之景洱一个地区而言，不能用以代表车里全县，更不能用以代表车里宣慰使之全部领域十二版纳。再则夷人只呼猛海为猛海，猛遮为猛遮，景洱为景洱；并不称猛海为佛海，猛遮为五福，景洱为车里或九龙江也。这些地方，都应该分别清楚。譬如昆明，虽为云南省会所在地，但不能于昆明两字之下，用括号加上云南两字，便以为可以代表云南，这是说不通的。如果文林先生所说产茶最多者，系仅就猛海土司一个区域之产量而言，那真可说是微乎其微。若系就佛海县全境之产量而言，在当时亦尚在车里县产量之下。普思沿边各县茶叶产量，文林先生曾否精确统计过呢？若仅凭想当然耳，或者到猛海看见各茶庄由车里、五福、临江各县局产茶区，运庄待制，堆积如山之茶叶，便以为猛海产茶最多，那是与事实不相符合的。据十八世纪末，檀萃之《滇海虞衡志》所载，十二版纳茶叶产量，以江内之六大茶山为最盛，入山作茶者数十万人。思茅老一辈的大茶商见告：清道光同治间，易武区产额为七万担，倚邦区为二万担，年共九万担。回乱后，产量锐减。光绪二十年间，易武区产额减为二万担，倚邦区产额减为四千担，年共二万四千担。宣统间，易倚两区共产一万三千担。民国七八年，再替减至六千七百担。民国十年以后，江外茶产量，因受到国际市场之刺激，由年产二三千担增至二万担，近复增至三万七千担。至车里、五福、佛海三县之茶产量；初为七五与五五及七〇之比。最近佛海、五福产量，俱有增加，约为七与六及八之比。须知，《西藏与车里之茶叶贸易》一文中之车里，系包括十二版纳而言。车里与车里县不同，亦犹云南与云南县（今改祥云县，前者系指全省）之不同也。文林先生曰："以其用车里，何如用九龙江。"按九龙江乃澜沧江在车里宣慰司治一段之又一名称，仅汉人及西人有此称谓，傣人仍称九龙江为"南匡"，或"南荒"。一般汉人（包括西人）亦借以称呼车里宣慰司直辖地，即车里坝子，亦即车里县治所在之地。车里县治所在，傣语呼为景洵，或译景洪或江洪，傣文读音作景昽，亦译景龙，不呼九龙江也。至于车里县属之产茶区域，远较五福佛海两县之产茶区为广大。江内有六大茶山之一之攸乐大茶山，江外有南糯、猛崧及蛮芳诸茶山。勿论攸乐产，南糯产，猛崧或蛮芳产，均可称为车里茶，但绝对不可称为九龙江茶，因车里坝子，即一般汉人所称之九龙江，并不产茶也。如依照文林先生"以其用车里，何如用九龙江"之主张，而称车里茶为九龙江茶，其不嗤之以鼻者鲜矣！

雍正七年，改土归流，以江内之思茅、普藤、整董、猛乌、六大茶山、橄榄坝等六版纳地置普洱府。当时六大茶山之茶叶产量，为普思沿边一带之冠。而江外所产少数，都得先后集中于普洱或思茅上纳课税及加工制造，以普洱或思茅为集散地，普洱为府治，普洱茶一名之由来，当即以此。亦并无不合理之处。有土著口碑，有《云南通志》《云南事略》《普洱府志》《思茅厅志稿》等书可参考。这些书，云南图书馆及佛海近代图书馆皆有收藏，文林先生久居昆明，又曾旅佛海多日，何不先参考查看，并博访周咨，再为著论。

第四点　摆夷人和马来人

当我知道我那篇《〈云南边地江外各县调查〉书后》一文，冒昧投寄到文林先生手里之后，关于摆夷人是否即马来人此一问题，以为文林先生一定会找几部人类学的著作来仔细研究，或再设法到马来地方走走，亲眼观察一下马来人的身体、肤色、头型、毛发、面目结构等形状，旁及生活方式、各式建筑、家室布置、语言文字，然后重作论断。不要再死抓住钟佐衡氏那篇与摆夷民族风马牛不相干的《西婆罗洲之现状》一文，来作摆夷种属论断之依据。可是，令人失望之至。文林先生在其《到普思沿边去》第五章有曰："又观南洋群岛西婆罗洲之马来人"，据钟佐衡氏所著《西婆罗洲之现状》一文云："所居房屋，极其简单。因其地潮湿及毒蛇猛兽猖獗，故其建屋于木桩之上，使地板离地数尺，借以避免。又妇女周身金碧辉煌，赤贫之妇必手御镀金戒指。""以上列肤色、须髯、建筑、装饰数者比较，马来人与摆夷均属大同小异，摆夷殆即为马来人种耶？惟有待于血缘之证明耳。"又第十五章曰："钟佐衡氏所著《西婆罗洲之现状》，所述马来人种之建筑式样，与沿边民房大致相同，由此可知此建筑物系由南洋群岛方面带到沿边来者。更可证明沿边摆夷是马来人种也。"说到末了，仅仅根据建筑一项，便大胆的肯定"更可证明沿边摆夷是马来人种也"。此种建屋于木桩之上的"干阑"，始见于《北史·蛮獠传》。《旧唐书》作"干栏"，粤语作"高栏"，此方汉人则呼为"高脚楼"。西南土族，外而暹罗、老挝、高棉、缅甸、马来、印度尼西亚，均普遍采用，惟形式上则各有不同，观其构筑形式，即可断定其主持建造之人之族别，暹罗或老挝之"干阑"，不同于缅甸或马来之"干阑"，更不同于我国西南土族之"干阑"。而我国西南土族之"干阑"，又各因其民族之不同而异其构筑之形式。即如十二版纳傣人之"干阑"，便与同一地区之阿卡族或蒲蛮族人之"干阑"，有很大之差别。且不惟外形有很大之差别，即室内之间隔布置及装饰，亦因各族生活方式及信仰之不同而大异其趣，不可不知也。岂可因钟佐衡氏"所居房屋，极其简单。因其地潮湿及毒蛇猛兽猖獗，故其建屋于木桩之上，使地板离地数尺，借以避免"，这三言两语之叙述，便认为与傣人之干阑相似，进而大胆的肯定，沿边摆夷是马来人种也。如果因为房屋建筑的类似，便能够推断种族之相同，那么平京沪粤等地建筑欧式房屋而住居的中国人，照竹村先生的逻辑方法，岂不也同样可以证明平京沪粤等构筑欧式房屋而居的中国人是欧洲人种吗？不也滑天下之大稽乎！西婆罗洲方面，愧尚无缘一为旅游，无法悬揣其马来人之干阑究竟如何？至于马来西亚之马来人的干阑，则与十二版纳摆夷及阿卡以及蒲蛮等族之干阑皆不类，其构筑风格之差异，是相当大的。摆夷人的房屋的建筑模式，不似仿自南洋群岛之马来人的。至于摆夷人种与马来人种之不同，我在错误寄到文林先生手中而被文林先生扣留的那篇《〈云南边地江外各县调查〉书后》一文中，已有简要之说明，不料文林先生不以为然，复在此强调“沿边摆夷是马来人种”，这是十分令人惋惜的！研究摆夷及马来种属问题之中外书籍甚多，文林先生勿妨虚心搜求一下，当有不少足资参证者。并不如文林先生所说“不惟无书可考，而一般人士，亦尚未注意及之”也。

第五点　摆夷语文与缅甸语文

因为看了文林先生《云南边地江外各县调查》和《普思边情及治边意见》两文中有“普思沿边古称十三版纳，景洞系一版纳”、“摆夷系马来人种”、“摆夷使用缅甸语文字”等之说，与事实不符，遂写了一篇正误，冒冒失失的投寄《民国日报》，那时我还不知道《民国日报》的编辑，就是文林先生，那篇正误阴差阳错地弄到他的手里，不惟不能登载出来（寄沪的一篇载《朔望》半月刊），反引得文林先生借《到普思沿边去》一文，颠倒是非，捏造黑白，连篇累牍的给我加上了很多罪状。此方的摆夷语文是不是缅甸语文，我在那篇正误里面，已有扼要的说明及举证。不料文林先生自以为是之成见太深，始终认为吾人在边在缅十年来对于摆夷语文与缅甸语文之认知，不如其匆匆旅行沿边四十余日所认知者为正确，依旧一口咬定摆夷语文就是缅甸语文。又在《到普思沿边去》这篇大著里面，一则曰：“有人谓：沿边文字与缅甸文不同，另系摆夷文，实则非也。”再则曰：“沿边文字与缅甸文字固无区别也。”据所持之理由为“沿边民族信仰印度佛教，其经典多来自缅甸，若文字与缅甸不同，必须另译一道。现在在车里之美国人，其学缅文，即在缅甸。缅文既通，至沿边即用其文字编印世界地理，授以所办之教会学生。其学校之教员，亦一缅甸人。以此证明沿边文字与缅甸文字，固无区别也”云云。最末，文林先生还把他自己在沿边四十七日，已能听其十二三中之“猛些笼”“比比侬侬”“京劳”“京豪”“磨”“戛”等六个短语词举例出来，以证实摆夷语即缅甸语！

关于摆夷文单字，我以前在车里时，曾收集有两千多个。说到词汇，远较单字之数为多，即以我收集过的单字数量来说，两千个单字的十分之二三，至少也要有四百或六百字。即以六百字来计算罢，可惜文林先生只举出了百分之一，尚有百分之九十九之字数未见举例出来，使吾人无从判断其中是否有缅甸语在里面及所占的百分比程度如何？至于上面所举的那六个单语词，就是利用怎么精密的分析方法，也分析不出一丝一毫的缅甸语成分存在里面。我现在把这六个单语词的缅甸文和摆夷文作一对照表附录于后，希望文林先生可以作一比对：

汉　　字	摆夷字	汉字注摆夷字音	缅甸字	罗马注缅甸音
云南省城	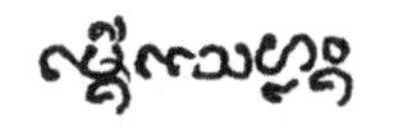	猛些龙	မိတ္ထီလာ	MITHILA
姐姐妹妹	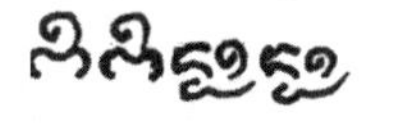	比比浓浓	ညီအစ်မ	NYEE AH MA
吃　饭	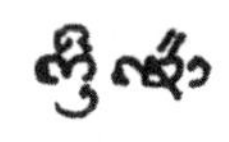	京　豪	ထမင်းစား	HTAMINSAH
吃　酒		京　劳	အရက်သောက်	AH YEI THAUK
不　是		磨	မဟုတ်ဘူး	MAH BOKEBU
去	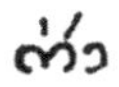	戛	သွား	THWA

注一：按比比浓浓，通常只作兄兄弟弟解（中性的，故亦可作姐姐妹妹解，引申作亲戚之义）。
注二：按“磨”只可作不字解，不是应作“磨哉”。此全照文林先生所举之汉字而言。

摆夷经典究竟是否直接译自梵文，或是间接译自缅甸文，我们现在暂且不论。清乾隆五十五年间，周裕写的一本《从征缅甸日记》里，有这样一小段："军中每将缅文翻成摆夷字，又以摆夷字翻汉文。"古人对于缅甸文与摆夷字已分辨得很清楚，不知文林先生尚有何铁的证据，竟敢武断其经典来自缅甸，而且未经过一道之另译者。至当时在车里之美国人有三：牧师毕比义、医师高礼悌（Curtis M. Galt）及工程师古登柏。和我都处得很熟，他们三人均来自暹罗。由美到暹罗后，大都在暹罗北部景迈作短期逗留。学习暹罗语或傣允语。到车里之后，再研习傣泐语文。他们三人都不懂缅甸语文，亦无其学习缅文即在缅甸之事实。其编印之《世界地理》，完全是傣泐文即水摆夷文写成的。他们的教员，只有一个暹罗景迈佬人（歹允）即所谓"缅文教员者"陶结竜（意为大头家）先生。车里耶稣教会隶属于景迈基督教长老会，为暹罗基督教会的一个分支机构。与缅境基督教会无干，从未闻有任何缅甸人在车里教会作教员也。

我现正拟着手编一本缅甸文、傣泐文、汉文三种对照的字汇，那时请文林先生再仔细看看摆夷文是不是缅甸文。若还再不以为然的话，请找个机会到缅甸去住一段时期，学习缅甸文，听听缅甸人说"吃饭"，是不是"京豪"；"饮酒"，是不是"京劳"；"姐姐妹妹"，是不是"比比浓浓"；"云南省城"，是不是"猛些笼"；"不是"，是不是"磨"；"去"，是不是"戛"。那时，"自欺欺人"的这一顶"虚伪冠冕"，恐怕你要自己带了。

第六点　"保存沿边之蛮夷状态"

这一点，虽然牵涉不到我个人身上，原可毋庸词费。但文林先生观察肤浅，认识不清，厚诬古人，似是而非，淆乱观听，是又不得不根据实际情形，详加指明，以明文林先生放言阔论，不顾事实之不可为训，并以正视听也。文林先生曰："沿边十余年来，各政均无由进步者，亦未始不由于柯氏误之也。但柯氏无改造沿边之才智，亦无破坏沿边之野心、欲保存沿边之蛮夷状态，以遂其无形割据，长期占有，以遂其子子孙孙皆可以王沿边之私心而已耳。”细绎文林先生此一小段文字，意在坐实沿边十余年来，各政均无由进步者，由柯总局长所误，而柯总局长之所以使沿边各政均无由进步者，为欲保存沿边之蛮夷状态，以遂其无形割据，长期占有，以遂其子子孙孙皆可以王沿边之私心而已。须知，普思沿边行政总局长一职，不过一县令流官等耳。光复以来，政府并无县令流官可以世袭之规定。省或道尹公署一纸免职命令，即得听候瓜代。观其后一闻萧道尹将派员接替，便准备移交，可资证明。下级为政三年无成，上级应予免职（抗不交代，必须有足够抵御省军之武力，袁世凯的洪宪帝国，且为滇护国军所摧毁，是问柯总局长有此足够之武力乎），另简派贤能。严格说来，其责在上不在下。但何以省公署竟予“各政均无由进步者”，连续任职达十三年余之冬久，以至卒于任，成为变相之终生职？是必有其值得给予久任之治绩存在。柯总局长任内，云南省政，除极短时间而外，均由唐继尧省长主持。唐公为一时人杰，才识智慧，应不在文林先生之下，且逐年均派有人员到边，明察暗访柯总局长对边地之施政实况及其他事项，绝不致糊涂昏庸，一无所觉，让一个以保存沿边之蛮夷状态为事，而私心图谋割据占有，以遂其子子孙孙皆可以王沿边之小小边官，延误边政至十三四年之久。更不致迭予嘉奖。由此一点来推求，则所谓“沿边十余年来，各政均无由进步者，亦未始不由于柯氏误之也”之论断，是大有疑问？文林先生于此未说明各政是包括那几种政务，但在另一文——《思普边情及治边意见》中，曾指出“其余若学堂、实业、邮电、开垦各事，至今无一成绩之可言”。则此所谓“各政均无由进步者”之各政，大概即是指学堂、实业、邮电、开垦各项。再则吾人不明白文林先生评衡“沿边十余年来，各政均无由进步者”，所持之尺度？以与思普沿边同历史地理人事环境之其他落后地区之各政成就作尺度，来衡量沿边之进步与不进步乎？抑以先进富足州县或都会之各政成就作尺度，来衡量沿边之进步与不进步乎？文林先生来自昆明，昆明为云南首善之区，乃西南一大都会；而文林先生之家乡嵩明，为滇中先进大县。文林先生曾未一道及思普沿边正式设治之历史短浅，地理环境之特殊，经济之枯竭，文化之落后，人才之缺乏，交通之梗阻等种种困难情形，是则文林先生所用来衡量评论沿边各政均无进步之尺度，显非前者而为后者。

须知，政治上之成就，是多方面的，也是十分复杂而难言的。有本有末，要看吾人从那一个角度来观察及衡量，还得看看当时的社会环境，政治经济及人事的情形如何？然后才能够作一公平的结论。设治以前，十二版纳还是一个非常闭塞而落后的封建体制下的原始粗放小农社会（兼有农村副业之小手工业）。全十二版纳，找不出半马力的动力机械。不惟没有触及二十世纪的文明，也尚未梦及十九世纪的文明。设治初期，以战乱初平，人户逃亡，民生凋敝，董其事者，不得不予边民以休养生息，以安定边疆，因之所取于民者至微，每户仅岁征行政经费八角（不及两只小鸡或一只大鸡之售价。小鸡一只时价五角，大鸡一元），以作总分八局行政司法、教育、警卫等项政费之开支，又岁征折工银四角，以作总分八局衙署、道路、桥梁等类建设之专款。当时八个行政区之人户总数，仅三万零，除每十户蠲免头目赤贫二户外，实收约二万五千户，全年总收入不过三万元。平均下来，每一行政局之全年行政经费及建设各费，平均只合三千七百五十元，不足以当通都大邑，一个中等职员之年薪所得。以如此微末之岁有行政及建设经费，而责以向岁收数十万元以至数百万元，甚至数千万元之内地先进富足州县或都会看齐，苛求有进步可观的政经教建成果，是何异操一豚蹄，酒一盂之穰田者，而祝望“瓯窭满篝，汙邪满车，五谷审熟，穰穰满家”乎？亦事实上万万不可能达成者也。在柯总局长治理期间（民国二年一月起至十五年五月止，凡十三年又五阅月），一切政经教建以至警卫，均就上述规定之微末岁收，量入为出，缓缓推进，主要使边民逐渐体认二十世纪中华民国政治之大要，维民为主，安民惠民，一反土司治理时期之奴民及苛扰，提高民权，削减土司封建潜力，消融土司头目之反侧，安定边疆。最难能可贵的，是汉土融洽，无虑边患，民生安定，道不拾遗，夜不闭户。在那段时期，常川往来十二版纳各地者，皆可体认得到，所以当时诗人遂有“满地萑苻芟不尽，天南犹有小桃园”之咏，此亦文林先生之所承认者也。在政费极度支绌之下，能达到这治本的成就，其治绩是值得特别注意的，也是值得赞许的。岂可以岁收数十万元以至数百万元，甚至数千万元之内地先进富足州县或都会，历经若干个世纪，费尽若干聪明才智之士之移山心力，才累积起来之各项辉煌建设成就来作为衡量之尺度，来抨击草莱初辟，设治仅十余年，且备受种种束缚与限制，而岁入政建各费不过三千数百元之各沿边行政局为“各政均无由进步者，亦未始不由于柯氏误之也”。这不是一个能虚心体察，明白事理，公诚正直者应有之论调也。

要知道，在那一段时期，普洱道尹公署，对行政总局之监督与掣制是很剧烈的，各区行政委员（后改殖边委员）虽得由总局长（后改殖边总办）保举，但最后决定之权则在道署。而物质建设，非钱莫办。同时还有甚多连带的困难问题。一则柯总局长雅不愿自反其与民休息之本旨，增加边民之负担；再则，即使万不获已，非增赋不可，也会遭到普洱道尹公署无情之驳斥：如民国七八两年，奉道尹公署之命剿办澜沧倮黑之役；民国十一年，又奉道署命远征缅宁蔡春暄之役，所有借垫军费，道署既不发给，又不准增加民负，所以只得挪用折工银，而将沿边各行政区之建设业务延搁下来，即是一例。不似改县后，县自为政，各县政府，只要对道尹公署或由道尹公署改组而成之殖边督办公署应付有方，尽可作量出为入之加征，并不如文林先生在另一文中所说之“相沿至今，未曾改变”也。甚而可以巧立名目，任意增加，以充私囊，对县政建设，毫不举办，上级一样的接受其报备而不过问其加征所得之实际用途。今改县已多年矣，边民每户每年所缴纳于县府之政费，平均十倍于往昔。而所谓“各政均无进步者”如故。“保存沿边之蛮夷状态”亦如故！此为文林先生督学到边所亲身考察而深知者也。

柯总局长任职沿边十余年以至卒于任所，尽瘁边务，奉命维谨，深获上峰之嘉许，曾获四等嘉禾章及其他奖状与奖章，从未受到纠弹与处分。民国十二年，一闻普洱道尹萧瑞麟，即将派遣萧学智到边瓜代之消息，虽尚未奉有免职明令，亦预办移交。柯总局长深知官署如传舍，绝无恋栈之可能，更无养兵自重，把持边政不交之情事。此为沿边各界之所周知者。

徐道尹为光于民国十五年四月，就任普洱道尹，未一年，不复接受省公署之命令，省公署先后委任李朝纪、徐维翰为车里殖边总办，徐均拒使不克到任，并迫使知难而退，然后委派其私人孙天霖于十六年三月驰赴车里接事，布置私人势力，把持地盘。八月，并未呈经省公署之核准，擅改沿边八殖边署为七县又一行政区，私行刊发木质县印，委官置吏，不受省政府（时省公署已改组为委员制之省政府）之约束。旋即不度德，不量力，称兵独立，实行割据，肇乱边疆。使素以世外桃源著称之十二版纳，兵连祸结，生灵涂炭，扰攘多年，陷边民于水深火热之中。边民流离，民居残破，疮痍满目，直至文林先生督学沿边，犹未能恢复。柯总局长服务沿边十三四年，公而忘私，任何人也无法指证得出有所谓割据占有，以遂其子子孙孙皆可以王沿边之私心的丝毫迹象，因其并无私人武力，根本不可能割据及占有，更何能遂其子子孙孙皆可以王沿边乎？事实昭昭，不言而喻，偏偏文林先生要无中生有，捏造这许多罪状，厚诬古人。徐为光到任不久，即搜刮辖区民脂民膏，招兵买马，自封边防军总司令，宣布独立，实行割据，为祸边疆，战乱多年，生民涂炭。同时，并以一部分民脂民膏，遣派杨暾（字晴初，化名田尹耕），辇运暹罗，购买新式武器，以为扩大叛乱之凭借。杨君到达暹罗，徐君即失利，归路截断，杨君乃将此项购买武器之巨款，投资木厂。随徐为光输诚省府，获任民政厅长，卸任后，借往印度礼佛为名，化名微服到暹，连本带利，括入私囊以去。据杨君见告，为数约暹银五六百万铢云。文林先生应已尽知，反只字不提。得无因徐道尹乃本省人，滇人于滇境称兵独立，实行割据，只算内窝子事，不能以割据占有论。柯总局长乃外省人，虽无一兵一卒，亦未实行割据占有。但因在任太久，已形同割据，当然要视为割据占有乎？宁非咄咄怪事？或者文林先生认为柯总局长主持设治之初，即应径设为若干县，统隶普洱道直辖，今乃分设为八行政区而统之以行政总局，由总局与道署打交道，使道署命令不克直接下达各分局，是即形同割据乎？须知，事有未可一蹴而就者，遮顶乱平之后，议改流原案：拟设一直隶州及三县。《普思沿边志略》曰：“设官分治各猛，应修城垣衙署各项开支，非有大宗巨款不行。况民国初立，滇省财政困难，达于极点。”观此，是原案当有由省库发款比照内地直隶州及县，修筑城垣衙署各项之规定。以适值光复，省库支绌，不能拨发，另有就地筹款之指示，所以乃言事更不易。而战乱之后，民生凋敝，民心未定，不可能对边民作较大之经费负担，乃不得不斟酌边情，将十二版纳划分为八行政区，设官治理，暂不改土，作将来改县之一个起步。所以于民国十二年，普洱道尹萧瑞麟，提议改县，省公署下其议于普思沿边行政总局时，即由总局呈覆省公署及道尹公署：以倚邦、易武汉人增加，商务、教育等皆已办有成效，请道署派员先行将倚邦、易武即第六区行政分局改设县治，如试办有效，嗣后再将其他各行政区逐步改县，俾与内地齐观。那时我正供职于行政总局，故知之详确。目下，省公署普洱第二区殖边督办公署及车里县府，均有档案可稽，文林先生尽可设法调卷覆按，当得其详。此案后经省公署令由道署审议，审议结果，认为倚邦、易武，虽然汉人增加，商务、教育等，较其他各区，办有成效。但改设县治，则必须依照县组织法扩大编组，组织扩大则开支自增。照原有之微末岁收，不敷极巨，欲单独准许倚邦、易武增收民户户捐，又与道署历来之指示抵触，且恐人民不堪负荷而反对，道署又无款以助，改县案虽倡自萧道尹，但道署多数资深佐治人员认为仍应审慎，不宜操切，遂无形搁置。就原由道署提议又被道署搁置的柯总局长呈请逐步改县，俾与内地齐观之议看来，与文林先生所谓“欲保存沿边之蛮夷状态”之既昧于事实，又认识肤浅也。又当萧瑞麟任普洱道尹时，拟派其部属萧学智到边接长普思沿边行政总局事务，已报省公署矣，后又惧驻防猛遮之陆军普防第三连为柯总局长所用，或有抗不交代情事，遂借点验为名，将第三连全部调至思茅，尽收缴其武器装备而解散之。其后萧学智虽因省公署之不予批准，未能到任。但整个沿边，已无一兵一卒。文林先生所谓“欲保存沿边之蛮夷状态，以遂其无形割据，长期占有，以遂其子子孙孙皆可以王沿边之私心而已耳”者，无乃无的放矢，狂人梦呓乎？

至于说到“各政均无由进步者”之各政，根据文林先生在《思普边情及治边意见》一文中所指为：“学堂、实业、邮电、开垦各事。”兹亦不得不顺为一谈：须知，十二版纳在设治以前，还是一个非常闭塞而落后的封建体制下的原始小农经济社会，前已言及。交通梗阻，瘴疠猖獗。设治后，忽然将之投入二十世纪之共和体制之下，适应已感困难；要地方上的人民来配合推进新的地方建设事业，谈何容易。董其事之人，不可能具有三头六臂，更不可能集百工技艺于一身。百废待举，处处须人。其所带部属，冲锋陷阵，固所擅场；政治佐理，未见皆能优为。十二版纳为著名瘴区，内地人士，一向视为畏途，多数不愿就聘，而愿就聘者，又不尽为能胜任之人。仅仅人才不易延揽一端，也就足以大大迟滞了沿边应行兴办之各政。况复经费支绌，物资缺乏，在那一个时期，凡稍能体会其环境之困难者，无不知其计划之无法按照预定程序来完成也。

1. 譬如学堂：必须要有教师和学生，方能有学堂之存在。云南内地师资，原已不足。烟瘴著名之十二版纳，设治初期，纵优薪待遇，亦无人应聘。初调用平乱军佐，言语隔阂，不谙教育，况且边荒初辟，物资缺乏，学校简陋，又缺乏课本，学生毫无兴趣，认被强迫读书为极大苦差事，纷纷逃学。学生家长方面，则认读汉书一无是处，反而耽误其子弟放牛割草之正当工作，且惧大来会被征服兵役，为政府对边民之最大苛政。有钱人家，则出钱雇人顶替代读，无钱人户，无力雇人顶替，则教导其子弟设法逃学到山，照料牛马，暗暗抵制。纵舌敝唇焦，费尽说辞，对这一类为内地人士闻所未闻，无法梦想得到之怪现象，直至改县以后，仍未完全改变过来。柯总局长为此特设劝学所，敦聘郑惠民氏主持其事。其后沿边教务，已普遍推展。郑为第六区之倚邦人，倚邦、易武汉人多，教育推进较易，因之倚易一带之教育成绩最为良好，六顺次之，其他各区又次之，每区最少也有一二校。

汉人聚居之区，校数更多。徐为光任普洱道尹不久，即称兵独立。导发边乱，扰攘多年，教育费被移充军费，旧有学堂，大都被迫停办。乱平数年，沿边教务，又才逐渐恢复，但不肖官吏，仍不乏将整个县教育专款，干没罄尽，不办一校者。文林先生大为称许之佛海小学，即乱平后所恢复之部分，其实尚不逮改县以前。仅凭短期观察，不深入探讨，不得其实情也。

2. 说到实业：则以稻为主之农业，不消说，还停滞于极度落后的耕作方式。好在土地肥沃，不粪不耘，自然丰收。山居民族之刀耕火种，落后尤甚，收成不丰，间有缺粮之虞。介绍内地较进步之耕作方法，尚不易接受。此外有茶、棉、樟、蔗、橘、凤梨及玉蜀黍等，均有相当之基础，其他果品，仅各住户于园边园脑，屋前屋后，作点缀性之种植，不成为一种事业。其情形与内地多数州县无异。农业加工品之茶，成就最大，倚邦、易武及佛海之繁荣，完全得力于茶业之兴盛。前途尚大可发展。织染工作，于柯总局长率各土司晋省观光归来之时，购运昆明土制织机多部，并聘回织染技师到车里设厂试办，由何大安主持，经营数年，已有基础，后毁于徐氏独立之乱，而何君亦以身殉。至家庭副业之织染，甚为普遍，足以自给。矿业方面，有磨歇一带之井盐。开采多年，已有成效，年产二百万斤以上，多数运销老挝。铁矿方面，柯总局长于十二年召集商股组织普利公司，在猛满开采，得粗制铁数十万斤，铸造锅及犁，柯总局长故后，停办甚久。二十一二年，由卸任猛遮第二区行政委员王承义等集资继续经营。此有关沿边实业之大概情形也。

3. 沿边邮递机构之设置，始于民国九年一月一日，分别在车里及倚邦成立邮寄代办所。十年五月十一日，倚邦邮路，延伸至易武，并亦有易武邮寄代办所之设立。猛海茶业兴起之后。与昆明普洱思茅以及缅甸印度之信件往还，远较车里倚邦及易武三代办所收发之件数为多，但迭经笔者去函思茅邮局请求将车里邮路延伸至猛海，以便利商民之信件寄递，均未获同意。十四年夏，笔者洽得地方人士之协助，乃设立一民信局，将地方人士寄发国内外函件，按期专差送达车里邮寄代办所投寄，每月并酌给车里邮寄代办以办公津贴。即便取回国内外寄由车里转寄猛海以及猛遮之邮件分送。办理多年，颇着成效。复屡经请求，并愿负担全部开支，才获思茅邮局之许可，于十九年一月一日，准在佛海（时已改县）设一邮政信柜，将民信局业务，移交信柜专责接办。二十一年十月一日，改升为佛海邮寄代办所。其他沿边各地，则尚未设邮。其主要原因由于绝大多数之边民，生活简单，日出而作，日入而息，凿井而饮，耕田而食，人与人间，甚鲜信函之往还；汉人不多，邮件稀少。同时交通不便，邮夫难雇，办理亦不易易也。由思茅至车里沿边行政总局治所，为程六日，计三百二十里，沿途山深林密，野无人烟，虎豹熊象，出没无常，河流纵横，并少桥梁，邮夫长年徒步跋涉，备极辛苦而危险，干季每月约可往返三次，雨季每月仅能往返一次。车里邮寄代办所之邮件，每月最多不逾五十件，且偏于行政总局之公文，私人函件极少，不及什一。有时思茅邮夫到来，打开邮包，竟空无一邮件者。售卖邮票收入甚微，不足以应付邮夫之工资开支。倚邦、易武方面邮路之交通情形，亦相差不大。所以思茅邮局，不愿对沿边邮递机构有所增设也。关于电报局之筹立：自普思沿边行政总局成立以来，即曾多次强调边防重要，请求上峰在车里设一电报局，与思茅连接，庶边疆有事，立可将消息传达省城，俾省公署得据以快速决策。但未如所请。十三年，柯总局长率领沿边各土司晋省谒见唐省长时，曾亲与云贵电政管理局监督吴珣面洽多次，请由思茅接线至车里。经吴监督派员计算，电线及驮运费以及员工开支，最少须滇银二万元，全应由总局自筹，省库不能补助。终以地方无力负担此巨额经费而搁置。沿边各行政区之邮政机构之尚未能普遍设立，电报线路之未克架设，盖非普思沿边行政总局之权力以及财力之所能及，不能推咎于一人也。

4. 开垦事业：民国初年，曾一度由退役官兵，在猛遮试办，由公酌予资助，初时因逃散民居未归，地多荒芜，谷价较昂，尚略有可为。逮政治安定，民户渐复，荒地渐辟，谷产大增，谷贱伤农，遂无形荒废。其后虽不断有从事开垦者：如麻栗坪农场，洪记蚕农场等，终以劳力缺乏，交通不便，运输困难，剩余粮食，不能远销至缺粮地区，成效不著。对于沿边开垦事业，必须俟移民增多，劳力充足（或代以机械），交通利便，农产品可以大量外销之后，才会有大的开展也。上述学堂、实业、邮电、开垦各项之成就，虽属微末，但亦颇有足资赞许之基本治绩存在。岂可一笔抹杀，谓“至今无一成绩之可言者”乎？

第七点　一些数字之纠正

文林先生大文之第三章《山川气候》中有曰："总观沿边山脉，均为横断山脉之余干旁支，山峰高度平均约在万尺；谷底深度约六七千尺。"按文林先生在沿边所行经之路线：系由思茅经老军田（拔海三四〇〇呎[①]）、普藤（拔海三二〇〇呎）、大歇厂坡头（拔海四八〇〇呎）、景东砦（拔海四五〇〇呎）、塌土坎（拔海四四〇〇呎）、关坪（拔海三二〇〇呎）、小猛养（拔海二七〇〇呎）、大木缸坡头（拔海四二〇〇呎）、车里坝子（拔海一八〇〇呎）、猛崧（拔海四二〇〇呎）、佛海县城（拔海四〇〇〇呎）、五福猛遮坝子（四〇五〇呎）、新火山（拔海六〇〇〇呎*）、猛满（拔海三二〇〇呎*）而至澜沧。所经各地之实际海拔，已根据本人多年测定之平均数字及英图所注之数字（英图数字加*符号为别）分别夹注于各地地名之下。平均海拔约为三千八百二十多呎。至沿边最高山峰为大卢山，高出海面约七五〇〇呎，小卢山七〇〇〇呎，峣峨峰六八七七呎，也不到万尺，更说不上平均约在万尺也。但不知文林先生所说之高度，是以海面起算呢？或是以某一海底做基点来起算？这就要请文林先生加以说明了。

又第二〇九页载其呈报省教育厅关于佛海县教育之呈文数则中有曰："该县居民百分之九十以上，俱为摆夷。"这一百分比数字，也与摆夷实际所占之百分比数字不符。关于沿边各地海拔高度数字之经

① 呎：英美制长度单位，1 英尺（呎）=12 英寸（吋）=30.48 厘米。中国也曾使用过，于 1997 年废除。

测得者和各县民族数字及百分比。本人均作成图表，早送有一份给佛海县政府悬县府办公厅以供参考。今文林先生曰“山峰高度平均约在万尺，谷底深度约六七千尺”，又“佛海百分之九十以上俱为摆夷”等等，不知何所根据？若乃随便信口说说，并无根据，那么，除了我前已奉还了那一顶“自欺欺人”的冠冕而外，我得再将“欺骗朝廷”这顶冠冕奉还先生也。

兹附一表于后，以明真实：

佛海各民族之丁口及百分比数字表

民族	丁口	百分比	民族	丁口	百分比
摆夷	一四一六七	六〇·二	倮黑	七七五	三·三
阿卡	三六四三	一五·四	罗罗	七九	〇·三
蒲蛮	二九八〇	一二·七	卡瓦	四八	〇·二
汉人	一八二四	七·八	阿克	二〇	〇·一
统计	二三五三六	一〇〇·〇			

总观李文林先生《到普思沿边去》一文，其中得意忘形，放言阔论，离去事实之处虽甚多，然亦不少独到之见：如慎选边官，防止土司压迫及殖边督办公署应移车里县等。且短期间有此巨量收获，尤佩用力之勤。亦正惟期短而制巨，所以错误之处，遂不免层见而迭出。上举七点，尚不过就其关涉较大者而言。其他如：“代表科学文明者为美国教会；景洞系一版纳；旱摆夷向例不任叭目村长头人（文林先生逗留佛海半月余，每天往来县府市场所必经之蛮戛寨子，十余年来即由旱摆夷罕朝凤及罕朝猛先后担任叭目村长，迄今未更）；早晨全有雾气，侵入人身，亦致病之媒介”等等，这些论据，是否可靠，读者自能明辨，不烦词费。最末，我们所办的图书馆，先后购置图书近万册，任何人皆可自由入览。取得借书证者，并得将图书借出馆外供参考，也得向文林先生声明，虽性属私立，但文化事业是无门限的，并无孟禄主义在里面，可以放得心也。

二十三年于加尔各答

滇边傣族地区的教育问题

大家都知道居住在云南边境的傣人很多，他们有他们自己的文字。他们的拼音文字，原自梵文，组构完美，能够写出人们的全部知识。同时大家也都知道，边地土族，对于政府主办的国民教育，有一种牢不可破的成见，似乎认为政府办理边教，是一种苛政，因此发生了雇人顶替读书的怪现象。报章杂志，已报道不少。就单拿十二版纳地区来说，设治迄今已二十多年（改县已将十年），这种现象，依然存在。其实边疆的小孩子，一如内地的小孩子一般，大都喜欢团体生活，并不畏惧读书。只要他们的家长，不要时时拿"读了汉书，就要被汉官抓去当兵""练雷"（小丘八）等等话语来恐吓讥骂他们，小孩子却满无所谓，仅初期因汉土言语不通，不免有所隔阂而已。至于这一班家长之所以有此成见，有所阻挠，最大原因，实由于不甚了解国家的情形、时代的需要，当然也还有政治问题。所以要推进边地的教育，吾人认为首先应使成年边胞，对于国家情形、时代需要，有所了解。要使他们自己感觉切要，然后阻力才可消除，并且可以化阻力而为助力，说到这里，似又非积极从事于学校教育不可！当然学校教育不可少，而边地的社会教育，尤为重要。要社会认识了学校教育的必要性，学校学育，才容易进展，才能够推行尽利。要如何才能够使边地社会，认识学校教育之必要，化阻力而为助力呢？第一步仍得要抓住边胞中的成年男女。边胞中对于国家情形、时代需要，比较认识一点的，他们不唯不怕他们的子弟，在当地学校读汉书，不致成为"练雷”，也不会被政府抓去当兵。并且还把他们的子弟，送到遥远的重庆、昆明，或更遥远的地方去求深造。

以十二版纳的边胞来说，傣族人口占了百分之六十以上，约十万余丁口。傣族地方，每村总得有一个教育机构——佛寺。平均每五个人中，约有一个人受过他们的佛寺教育。假如要将这百分之二十已受过佛寺教育的二万多傣人，经由学校教育，使他们认识汉字之后，再由汉字使他们来接受汉文化，明了国情，认识时代需要，共负抗战建国任务，那不知将是怎样繁重而不易完成的一件巨大工作！假如我们能够将我们所须要介绍给他们的知识，都写成傣文，编印成书，散发给他们阅读，那么，其已认识傣文的这二万多人，就不难很快的得到我们所要介绍给他们的各种知识，再由他们来共同推动学校教育，教育他们下一代的子孙，则其难易的情形，当不难推测。清末，因严又陵的移译工作，而使一般顽固遗老，也都憬然于物竞天择之说，思所奋起，这都是很好的例证。所以我们的教育机关，应该负起这个责任，无妨划拨一部分经费，组织机构，网罗或培植这一类的人才（不必多），从事傣族文字的编译工作，将应该介绍给边胞的各科知识，分其先后和缓急，编印成书，散发介绍，其收效之宏大迅速，是可以预卜的。

云南边境的傣文，通行范围最广的约有二支：一为北支傣𡛤（Dae Nhe）文；一为南支傣泐（Dae Le）文，都容易学。不似汉文的艰深，动辄非十年八年的工夫不可。认识汉字，就如一个将领，要认识其部属每一个士兵的姓名及面貌个性等的困难一般，既须记其面貌或方或圆，姓张姓李，又须识其能力如何？个性如何？然后方能呼唤得出，差遣得当，指挥裕如。学习傣文，就没有这样的困难。字随声衍，成年人有五六个月的实习，再加以一二年的钻研，即可译作了。

要教育两万个已识傣文的边胞学习汉文，使达初中卒业程度，大约须有师资八百人并九年的时光；组织一个研究编译机构，最多以三十人从事，分为两组，期以三年，只须八十分一的人力物力，即不难达上述目的。这一个轻便工作，是无妨尽先试试的。

南诏非泰族所建

此次到暹罗，恰好大泰主义，高唱入云，盛传暹罗政府，即将改国号为“泰”，虽尚未见正式公告，而曼谷市招，已可见到“Thailand”字样，势在必改，当无疑问①。据传改国号为“泰”的目的有二：一、使东亚泰族，都可投到暹罗的怀抱；二、收复过去泰族曾经统治过的地区，而建立一大泰帝国。一个国家里面，是否仅可容纳一个单纯的民族（现在的暹罗国内，也就有不少的非泰族分布在东西南北若干地区）？同一个民族，是否即不应该生存在不同种族的若干国家？这一点，我想暹罗政府，应该认识清楚。至过去泰族曾经统治过的地区，所指何在？而建立大泰帝国，谈何容易！据若干暹罗文书刊说：“泰族系发源于科布多，经张掖至陇西，至此分两支：一东向发展至长安；一南向发展至成都。至此复分为两支：一支走涪州、贵州、郁林、苍梧、零陵、长沙，并由苍梧、郁林发展至海南岛；一支南下而建立南诏帝国，都于大理。自后得长足的发展，东至昆明、马龙；西至缅甸的瓦城、普罗姆，印度的吉大港、高哈提；南至今之暹罗、越南的一部分，更南至马来半岛之宋卡（见泰族分布图）。”换句话说：就是暹罗改国号为“泰”之后，将要收复北至科布多，西至东印度，东至长沙、琼州这一大片土地。而其最得意之作，则谓泰族曾在中国西南建立过南诏大帝国。《暹罗古代史考》（暹文本）曰“细农（舍龙）

① 暹罗国务院已于民国二十八年（西元一九三九年）之五月二十一日之国务会议决议，改暹罗国为泰国，并于是年之六月二十四日，正式公布。

王朝，共传五代君主，至佛历一二七三年（西元七三〇年），坤玛隆王（皮逻阁）者，为一英勇善战之君主，使南诏疆域，大为广阔。王尝远征中国及西藏，胜利多次，使中国不得不与之和议，而妻以公主焉。至佛历一二七四年（唐开元十九年，西元七三一年）"，"王更扩展南诏疆域至十二版纳、十二诏泰、东京。又建立天国（HO）。由王子坤猜蓬统辖此泰南三邦"云云。

南诏蒙氏自细奴逻于唐高宗永徽四年（西元六五三年），遣使朝唐起，至今已一二八五年。自其第十三世主舜化贞于唐昭宗天复二年（西元九〇二年）卒，国被篡，至今已一〇三六年。吾人今日要确切考定南诏蒙氏是不是属于暹罗的泰族，最好的办法，莫如找来南诏王室及当时泰族人的尸骨，如庄周所说"使司命复生其形，为其骨肉肌肤"，以作生物性的观察及量度，看看他们的身材、头型、面型、鼻型、血群以及身体的一般状态，如颜面、耳、目、口、鼻的形状和轮廓、毛发的特性、皮肤、眼睛的色泽等等，是不是相同？可惜现代的科学，无能达到生死肉骨的要求。最好的办法既不可能，那只有退而求其次，由历史上的记载及现存滇境以及可能与南诏王族有关的近似族类的文化特质，来比较推敲，加以研究了。

我国最古一部对于云南六诏始末、种族名类、风俗制度、山川城镇、交通途程、土宜物产及其毗邻诸国概略情形，作有系统的纪录的书，应推唐安南从事樊绰于咸通四年春正月，在安南郡州江口，附襄州节度押衙张守忠进献之《蛮志》一十卷。此书异名有《蛮书》《云南志》《云南记》《云南史记》《南蛮记》及《南夷志》之不同。四库馆臣依《新唐书·艺文志》，题曰《蛮书》。这一部书，可以说是云南古代民族和地理的一部重要典籍。我们由这一部书里面，可以考知唐代六诏和其他民族的概略，尤其南诏的风土人情，制度条教及语言片断。再参照其他有关书籍的纪录，来和现在的泰族及可能与南诏有关的近似种类，作一比对的研究，则南诏是不是由泰族所建，便可得到一个概略的结论了。

《蛮书·六诏第三》："蒙舍，一诏也。居蒙舍川，在诸部落之南，故称南诏也。姓蒙。贞元年中，献书于剑南节度使韦皋，自言本永昌沙壶之源也。”《旧唐书》谓其“自言哀牢之后”。《新唐书》谓“本哀牢夷后”。探讨南诏族属者，大都先探讨哀牢的族类。《后汉书·哀牢夷传》曰：“哀牢夷者，其先有妇人名沙壹，居于牢山，尝捕鱼水中，触沈木，若有感，因怀妊，十月，产子男十人，后沈木化为龙，出水上，沙壹忽闻龙语曰：‘若为我生子，今悉何在？’九子见龙惊走，独小子不能去，背龙而坐，龙因舐之。其母鸟语，谓背为九，谓坐为隆，因名子曰九隆。及后长大，诸兄以九隆能为父所舐而黠，逐共推以为主。后牢山下有一夫一妇，复生十女子，九隆兄弟皆娶以为妻，后渐相滋长，种人皆刻画其身，象龙文，衣着尾。九隆死，世世相继。”注引《哀牢传》曰：“九隆代代相传，名虽不可得而数，至于禁高，乃可记知。禁高死，子吸代，吸死，子建非代，建非死，子哀牢代，哀牢死，子桑藕代，桑藕死，子柳承代，柳承死，子柳貌代，柳貌死，子扈栗代。”后汉明帝永平十二年，哀牢王柳貌遣子率种人内属，其称邑王者七十七人。由柳貌至禁高共七代，由禁高再上推至九隆，应不少于三代，否则应可记知。即以三代计，已共有十代，每代平均以三十年计算，十代已三百年，当在周秦之际。元张道宗《记古滇说》云：“哀牢国，永昌郡也。其先有郡人蒙迦独妻摩梨羌，名沙壹，居于哀牢山。蒙迦独常捕鱼为业，后死哀牢山水中，不获其尸，妻沙壹往哭于此，忽见一木浮触而来，旁边漂沈，离水面少许，妇坐其上，平稳不动，明日视之，见木触沈如旧，寻常浣絮其上，若有感，因怀妊，十月孕生九子，后产一子，共男十人，同母一日行往池边，询问其父，母指曰：‘死此池中矣。’语未毕，见沈木化为龙，出水上。沙壹与子忽闻龙语曰：‘汝为我生子，今俱何在？’九子见龙惊走，独一小子不能去，母因留止。子背龙而坐，因舐之，就唤其名曰习农乐。母因见子背龙而坐，乃夷语谓背为九，谓坐为隆。因名其地曰九隆。习农乐后长成，有神异，每有天乐奏于其家，凤凰栖于其树，有五色花开，四时常有神卫护相随。诸兄见有此奇异，又能为父所舐而与名，遂共推以为王，主哀牢。”又曰：“唐有张仁果三十三代孙张乐进求，改建宁为云南。唐册乐进求为首领大将军云南王。乐进求因祭铁柱，见习农乐有金铸凤凰飞上左肩，乐进求等惊异之，遂逊位其哀牢山王孙，王以蒙号国，王曰奇嘉。社稷之创于斯，改称蒙社，乃唐高宗永徽四年……也。”元李京《云南志略》曰：“初蛮酋张氏名仁果，时当汉末，居蒙舍川，为在诸部之南，故曰南诏。诏，汉语国君也。传三十三主，至乐进求，乃为蒙氏所灭。蒙氏名细奴逻。”据《记古滇说》,《后汉书》之九隆，即继张乐进求为云南王的哀牢王习农乐。此习农乐亦即《蛮书》及《云南志略》的细奴逻。一在周秦之际，一在唐初，相隔千年。且禁高、吸、建非、哀牢、桑藕、柳承、柳貌、扈栗、类牢等名，与南诏制以名相属之制不类。同时也和傣族的酋长土司以及平民，喜以金银珠玉、琉璃宝石、幸福吉祥、官称佛号等为名的习俗悬殊，不似泰族。其先世虽居哀牢，但亦非哀牢夷也。

南诏传世风俗中，最特殊的一点，是父子以名相属，子名的首一字，大致为父名的末一字，即父子连名制。南诏蒙氏立国第一世祖细奴逻，逻传子逻盛，盛传子盛逻皮，皮传子皮逻阁，阁传子阁罗凤，凤传子凤伽异，异传子异牟寻，寻传子寻阁劝，劝传子劝龙晟，晟传弟劝利，利传弟丰佑，丰佑传子世隆，隆传子隆舜，舜传子舜化贞而亡，凡十四主。除丰佑因慕中国之风，独不肯连父名而外，余均为父子连名。其他诸诏亦同。如邆赕诏立国主丰咩，咩传子咩罗皮，皮传子皮罗邆，邆传子邆罗颠。颠传子颠之托。浪穹诏立国主丰时，时传子时罗铎，铎传子铎罗望，望传子望偏，偏传子偏罗矣，矣传子矣罗君。蒙嶲诏立国主嶲辅首，无子，传弟怯阳照，服传子照原，原传子原罗。施浪诏立国主施望欠，欠弟施望千,千子千傍，千傍子傍罗颠等是。南诏传世诸王名中之一字，常有罗字或逻字，疑罗字或逻字，乃诸诏共用之姓，亦即其族名。南诏地望蒙舍，以蒙为氏。蒙乃氏非姓也。此种见于乌蛮的父子连名制，亦见于白蛮所建的后理国，如第六世段智祥，祥传子祥兴，兴传子兴智是。白蛮命名，往往在姓与名的中间，夹入一个佛号，如李观音得之类。又缅甸蒲甘王骠苴低，低子低蒙苴，也是父子连名的。近今属于罗罗缅甸系的罗罗、么些、阿卡、攸罗、窝泥等部族，现仍保存此种父子连名制未变。至于泰掸系里面，则尚未发现有父子连名的事例。除国内傣族土司冠用汉姓而外，一般平民，只有名而无姓。近今暹罗及老挝，由政府通令人民各自选择两个以上的语词，报请政府核定其一，置于名后，以为姓氏，乃是受了西方文化以后的产物，原来也是没有姓的。在滇境未受汉文化影响的傣族，即所谓“原始泰”及在缅境的掸族，都只有名而无姓。由这一点来观察，南诏和泰族是有所不同的。在“原始泰”的原文文献里，他们称南诏为“和”族，自称为“傣”，亦即泰族，并不自认与南诏为同族。

语言也是探讨民族类别的一条线索。《蛮书蛮·夷风俗第八》:“言语音白蛮最正，蒙舍蛮次之，诸部落不如也。但名物或与汉不同，及四声讹重。大事多不与面言，必使人往来达其词意，以此取定，谓之行诺。大虫谓之波罗密（亦名草罗），犀谓之矣（读如咸），带谓之佉苴（《云南备征志》本此处作法苴，兹参本卷首节曹长以下“得系金佉苴”，次节“谓腰带曰佉苴”及《管内物产第七》“未得系金佉苴者，悉用犀革为佉苴，皆朱漆之”，及《新唐书》“佉苴韦带也”等改），饭谓之喻，盐谓之宾，鹿谓之识，牛谓之舍，川谓之赕，谷谓之浪，山谓之和，山顶谓之葱路，舞谓之伽傍。加、富也。阁、高也。诺、深也。苴、俊也。东爨谓城为弄，谓竹为蓢，谓盐为眴，谓地为溸，谓请为数，谓酸为制。言语并与白蛮不同。”所举南诏二十二语中，经指明为东爨乌蛮语的有六个。未经指明，而言外之意为白蛮语的有十六个。六个东爨乌蛮语中，有五语和现在的罗罗语相似。只有地为“溸”一语不符。十六个白蛮语中，犀谓之矣，原注“矣”读如咸。如果将注语读如咸三字删除，矣读本音，则与傣语之 Riet（犀）相近。舞谓之伽傍，亦似傣语。山顶谓之葱路，似苗语。鹿谓之识，似倮黑语。川谓之赕，似藏语。盐谓之宾，阁、高也等，为现在的民家语。又《晋书》卷一百十四《载记十四·苻坚传》下末尾，初坚疆盛之时，国有童谣云:“河水清复清，符诏死新城。”“诏”又为晋时的氐族语。“氐”与傣族自称为歹之“歹”字，乃一音之转，如粤语之读“地”为“代”。

六賧之“賧”,《新唐书》作“睑”,《骆宾王文集》作僉，即中甸、右甸、巨甸、南甸、施甸、鲁甸、小甸、大松甸之“甸”，为罗罗语。南诏计田曰双，为唐之五亩。计帛曰幂，为唐之四尺五寸。《律学新说》谓：唐之大尺，即营造尺。暹罗计田曰莱，旧时之一莱，约合唐之一〇〇平方丈，合一点六亩强。一双等于暹罗的三莱。暹罗改遵法制后之一莱，为一六〇〇平方公尺，约合唐之二点六〇四一六亩强，一双等于暹罗改遵法制后之一点九二莱。南诏一幂之长，约等于营造尺制的一弓的九折，即四尺五寸，滇南汉语称为“小拿”者。称十足一弓之长为一拿，或一大拿。傣族及暹罗计帛曰瓦，旧时一瓦之长，大体以我国一弓之长即五营造尺为依据。自西方势力侵入中南半岛、法并安南、英灭缅甸之后，滇省傣人一瓦之长，改为六英尺。等于一点八二七六公尺，合五点四八二八市尺。暹罗一瓦之长，改为二公尺，合六市尺。幂与双不是傣语，也不是暹罗语。此外，见于《新唐书·南诏传》的：“王自称曰元，犹朕也。谓其下曰昶，犹卿尔也。官曰坦绰、曰布燮，曰久赞，谓之清平官，犹唐宰相也。幕爽主兵，爽犹省也。金波罗，虎皮也。王母曰信么，亦曰九么。妃曰进武。”等官名，凡五六十语，也都不似傣语或暹罗语。而最大的差异，是文法上的不同。按照傣文或暹罗文的文法，凡是由一个专有名字或名词与一个普通名字或名词组合为一个复合的专有名词时，应将普通名字或名词置于专有名字或名词的前面。如“南诏”，应作“诏南”，“云南睑”“蒙舍睑”，应作“睑云南”“睑蒙舍”。凡是由一个形容字或词与一个普通名字或名词组合为一个复合的专有名词或普通名词时，应将形容字或词，置于普通名字或词的后面。如“南诏”（南字做形容词解时），应作“诏南”。“白崖睑”，应作“睑崖白”之类。惜吾人所能获知的南诏语无多，单辞只字，不能作进一步的比较研究。同时南诏的语言，很为混杂，已略举如上。但暹罗语成分所占的比例则绝少。《蛮书》说：言语音白蛮最正，蒙舍蛮次之。所谓正者，似即指混有很多汉语，汉人听来，有几分了解而言也。又关于“行诺”之俗，今于罗罗、缅甸语系的阿卡族中，仍有残余的痕迹可寻。阿卡遇有人询问其名之时，尚须另请一人代他转答之类。就语言及其文法上的差异以及行诺的习俗观察研究下来，南诏应属于罗罗系部族，不是泰族。

南诏的条教，也甚为重要。据《蛮书·南蛮条教第九》：南诏置有“清平官六人，每日（《云南备征志》“日”作“口”参“大军将一十二人，与清平官同列，每日见南诏议事”节及《新唐书》“大军将十二，与清平官等，列日议事王所”句改）与南诏参议境内大事。其中推量一人为内算官，凡有文书，便代南诏判押处置，有副两员同勾当。又外算官两人，或清平官或大军将兼领之。六曹公事文书成，合行下者，一切是外算官。与本曹出文牒行下，亦无商量裁制。又有同伦判官两人，南诏有所处分，辄疏记之，转付六曹。”又置“大军将一十二人，与清平官同列。每日见南诏议事。出则领要害城镇，称节度。有事迹功劳殊尤者，得除授清平官”。“其六曹长即为主外司公务。六曹长六人，兵曹、户曹、客曹、刑曹、工曹、仓曹，一如内州府六司所掌之事。又有断事曹长，推鞠盗贼；军谋曹长，主阴阳占候，同伦长两人，各有副都，主月终唱。诸曹稽逋如录事之职。曹官文牒下诸城镇，皆呼主者。六曹长有功效明著，得迁补大军将”。又置羽仪若干员，“皆清平官等子弟充，诸蛮不与焉。常在云南王左右，羽仪长帐前管系之。羽仪长八人，如方内节度支衙官之属。清平官已下，每入见南诏，皆不得佩剑，唯羽仪长得佩剑。出入卧外，虽不主公事，最为心腹亲信”。“罗苴子皆于乡兵中试入，故称四军苴子。戴光兜鍪，负犀皮铜股排，跣足历险如飞。每百人罗苴佐一人管之。负排又从罗苴中拣入，无员数。南诏及诸镇大军将起坐不相离捍蔽者，皆负排也”。“战斗不分文武。无杂色役。每有征发，但下文书与村邑理人处，克往来月日而已。其兵仗人各自赍，更无官给（武器有铎鞘、郁刀、浪剑、瞋弓，枪箭多用斑竹）。百家已上有总佐一，千人已上有理人官一，人约万家以来，即制都督，递相管辖”。上官授与（《新唐书》作“授田”）四十双，汉二顷也。上户三十双，汉一顷五十亩。中户下户各有差降。每家有丁壮，皆定为马军（《新唐书》作“壮者皆为战卒，有马为骑军”），各据邑居远近，分为四军。以旗旛色别其东南西北，每面置一将，或管千人，或五百人。四军又置一军将统之。如有贼盗入界，即罪在所入处面将”。《新唐书》卷二百二十二上《南诏传》曰：“官曰坦绰，曰布燮，曰久赞，谓之清平官。所以决国事轻重，犹唐宰相也。曰酋望，曰正酋望，曰员外酋望，曰大军将，曰员外，犹试官也。幕爽主兵，琮爽主户籍，慈爽主礼，罚爽主刑，劝爽主官人，厥爽主工馆，万爽主财用，引爽主客，禾爽主商贾，皆清平官、酋望、大军将兼之。爽犹言省也。督爽总三省也。乞托主马，禄托主牛，巨托主仓廪。亦清平官、酋望、大军将兼之。曰爽酋，曰弥勒，曰勤齐，掌赋税。曰兵獳司，掌机密。大府主将曰演习，副曰演览，中府主将曰缮裔，副曰缮览，下府主将曰澹酋，副曰澹览，小府主将曰幕㧑，副曰幕览。府有陀酋，若管记，有陀西，若判官，大抵如此。”又曰“以清平子弟为羽仪。王左右有羽仪长八人，清平官见王不得佩剑，唯羽仪长佩之为亲信。有六曹长，曹长有功补大军将。大军将十二，与清平官等列日议事王府，出治军壁称节度，次补清平官，有内算官代王裁处，外算官记王所处分以付六曹。外则有六节度；曰弄栋、永昌、银生、剑川、柘东、丽水。有二都督：会川、通海。有十睑，夷语睑若州，曰云南睑、白崖睑亦曰勃弄睑、品澹睑、邆川睑、蒙舍睑、大厘睑亦曰史睑、苴咩睑亦曰阳睑、蒙秦睑、矣和睑、赵川睑”云云。近今在国内的泰掸语系部族，以广西的壮人为数最多，其次为贵州的仲家、洞家及水家，均已汉化。聚居于云南东南部的侬人及西部的汉傣，汉化的程度亦不浅。如南甸宣抚使司，宣抚使之下，置护印、护理、总理、司爷等人员。再其下有千夫长、百夫长、门房、书房、库房、差房、军装房、堂房、内幕、外幕及团练局等人员。地方制度分为两级，即撮、甿与村寨。撮设乡约，甿设头人。撮、甿之下有村寨，外有抚夷。干崖宣抚使司宣抚使之下，设有参议处，有司务会议。下辖总务处、军务处、团务处、财务处、建设处、内处、外处、文书处、教育处、保路处等十处。处之下设组及科，如财务处辖征收、预算及会计三组。内处之下辖监务、传达、庶务三科是。地方制度分为甿、街与村寨两级。各设头人。外有大山官、小山官等之设置。芒市安抚使司安抚使之下置护印、护理、署官、师爷、门房、库房、差房、书房与土练等人员。地方制度分练、畹与村寨两级。练、畹置头人，村寨各置“老幸”（正头人）、火头（副头人）各一人，分管地方事务。他如陇川宣抚、猛卯安抚等土司，所设置亦大体相同。尤其干崖宣抚使司之组织，汉化的程度很深。只有聚居在滇南十二版纳及澜沧县属孟连一带的水傣，尚保存其原来的政治形态、生活方式、风俗习惯，因此暹罗称之为原始泰。生在二十世纪之吾人，以文献无征，现已无法获知九世纪中，《蛮书》成书时代即唐懿宗咸通间，居住在滇境的傣人情况以及其条教如何？只有就滇境现有泰掸语系部族中，尚未接受汉化或汉化甚微，一切比较原始的车里土司的政治形态来和《蛮书》所载的《南诏条教》，作一比较研究，不唯因为车里土司的政治形态比较原始，并且车里宣慰使司宣慰使的品级，较滇西各司为高。车里宣慰使的品级为从三品，南甸、干崖、陇川、耿马等各宣抚使为从四品，芒市、猛卯等各安抚使为从五品。车里宣慰使司宣慰使之下，设有副宣慰使等三十二大员，其官称及职司如次：（一）曰乌巴逻阁，义为副王，吾人称为副宣慰使。处理全境政务，则有类似国会的“司廊”制度，由各大头目组成之。（二）曰诏景哈，为司廊的首席，即各大头目之领袖头目，称巴他马阿戛摩诃些那，译言首相，亦相当于内阁总理。（三）曰都竜稿，司内政，亦称怀郎曼卧。（四）曰怀郎曼空，司枢要。（五）曰怀郎庄网，司赋税，与诏景哈、都竜稿、怀郎曼空，为负责行政的四大丞相，即四大头目。（六）曰都竜帕厦，司库。（七）曰都竜那干，司军械。（八）曰都竜那夸，亦译都竜纳花，司军政，即右将军。（九）曰都竜掌，司大象。（十）曰叭竜那馊，司仪队。（十一）曰叭竜那禀，司谏。（十二）曰叭竜过，司侍从。（十三）曰叭竜那麻，司马匹，兼御医。（十四）曰叭竜那倭，司舆乘。（十五）曰叭竜榭养，宣慰使巡狩，司检队。（十六）曰叭竜榭曩，司罿。（十七）曰叭竜赛，司兵马，即左将军，位次于右将军。（十八）曰叭竜哈怀，司赕佛。（十九）曰叭竜诏戛，司市政。（廿）曰叭竜款，司翊卫。（廿一）曰叭真汉，先锋，位次于左将军。与都竜那夸、叭竜赛，为负责军事之三大臣。(廿二)曰叭榭网雷，司巡捕。(廿三)曰叭庄禀，宣慰使疾，司祈祷。(廿四)曰叭那广，司仪礼。(廿五)曰叭那瓦，司船舶。(廿六)曰叭那郢，司刑。(廿七)曰叭兴勒，司行舟及架桥。(二廿八)曰叭般若，司新年竞舟。(廿九)曰叭那雷，司祈年。(卅)曰叭那徽，司鱼罟。(卅一)曰叭波猛莽，司接待缅宾。(卅二)曰叭波猛和，司接待汉宾等。除乌巴逻阁外，共三十一员，以诏景哈为领导，采合议制，会议处理全十二版纳大事。此外尚有负责史事及文书的官员，在中枢者，称都竜献，或叭竜献。在各土司地者，称为叭献，下一级曰鲊献。成年丁壮，皆为战卒。每年农隙之时，由军头称为昆汉者，分区召集各家丁壮，教以征战攻守。各家并须从事于军备军需的制造及供应。武器之利者：有长刀、斧、矛、弩箭之属，近今则有枪。有事则由昆汉率领战卒受右将军都竜那夸之统率指挥，从事征战。战事结束，与战卒同归于农。经过军训的各家丁壮，并须轮流宿卫于宣慰使司。分全境为十二州曰十二版纳，以子弟分封之。领土扩展或蹙减，大都仍照十二州之数为区划。南诏行政区划之名，其训为州之“睑”，置于地名之后，如云南睑、白崖睑。傣人以行政区划之名，其训为州或府之“版纳”，其训为县之“猛”，置于地名之前，如版纳景昽、版纳整董、猛海、猛乌得，即景昽州、整董州、海县、乌得县之谓。暹罗与十二版纳同，亦以行政区划之名，其训为府之“章娃”，其训为县之“安坡”，置于地名之前，如安坡芳章娃清迈，安坡夜柿章娃清莱，即清迈府芳县，清莱府夜柿县之谓。车里地方制度，分为版纳、猛、蛮(即村寨)等三级。每一版纳辖若干猛，每一猛辖若干蛮。版纳及部分猛，领以王族，称为诏，吾人称为土司，有土千总、土把总、土便委等之分。部分猛及蛮之头目，由人民推选，有叭、鲊、线之分，受土司之监督，采合议制办理地方自治事务。暹罗地方制度，有区域、府及县之分，集若干府为一区域，置区督察专员一人，或增副督察专员一人，受内务部节制，处理区域政务。府置正副府尹，县置正副县长。分别处理府、县政务。县以下分区、镇、市等三级，治理较密，已现代化，不是原始的政情了。吾人根据南诏的条教和原始泰的条教作一比较，觉差异极大，无一相似之处。由条教方面来说，南诏和泰族是大不相同的。

“南俗务田农菜圃”。稻、麦、麻、豆、黍、稷皆种之。“上官授田四十双（唐五亩为一双），上户三十双，中户下户各有差降”，“无贵贱皆耕”。“每耕田用三尺犁，格长丈余，两牛相去七八尺，一佃人前牵犁，一佃人持按犁辕，一佃人秉耒”。并善治山田、浇田用源泉，水旱无损。收刈已毕，蛮官据佃人家口数目，支给禾稻，其余悉输官（《新唐书》卷二百二十二《南诏传》云：不徭役，人岁输米二斗，与此异）。“蛮地无桑，悉养柘蚕绕树……三月中茧出。抽丝法稍异中土。精者为纺丝绫，亦织为锦及绢。其纺丝入朱紫以为上服。锦文颇有密致奇采。俗不解织绫罗”。大和三年，南诏弄栋节度使寇西川，掳掠成都玉帛子女工巧之具而归，遂亦解织绫罗，精致与蜀锦相埒。亦有刺绣，并产毡。自银生城、柘南城、寻传、祁鲜已西，不养蚕，以裟罗树絮，组织为方幅，裁之笼头，男子妇女通服之。原始泰亦务田农，唯鲜蓺菜圃，大都采野蔌佐餐，水田种水稻，旱地种麻、豆、黍、稷，不种麦。田为村有制，按户均分，贵族有公田，但不亲耕，例由人民代耕代种，公田所获悉输官，私田所获，概属私有，不输官。耕田用水牛一头，如用黄牛，则须二头，仅一农人在后秉犁而耕，不须牵牛及持按犁辕之人。水田靠天雨，天旱则歉收。亦有沟渠的灌溉。十二版纳野生桑柘均多，但无人养蚕。概种草棉，而以其絮纺纱织布为衣被之用。布幅阔一肘（称为一索约十八英寸），每匹约长五拿（三十英尺上下），称为娑罗布。十二版纳鲜畜绵羊，不产毡。吾人根据南诏的耕织情况和原始泰的耕织情况作一比较，差异亦大。南诏务田农菜圃，原始泰务田农而不蓺园蔬。南诏种麦，原始泰不种麦。南诏之田概由公家按上中下授予，无贵贱皆耕。所获除由蛮官据佃人家口数目，支给禾稻，其余悉输官。原始泰之田土为村公有，由村自治机构按户均分，贵族不亲耕，其田由所管人民代耕代种。官田所获输官，私田所获，概属私有。有徭役。南诏养柘蚕，抽丝织绫绢，有刺绣，并畜绵羊制毡，原始泰不养蚕，以草棉絮纺纱织布，亦有刺绣。鲜畜绵羊，不产毡种种。南诏与泰族是不相同的。

《蛮书·蛮夷风俗第八》：“其蛮，丈夫一切披毡，其余衣服，略与汉同，唯头囊特异耳。南诏以红绫，其余向下皆以皂绫绢。其制度取一幅物，近边撮缝为角，刻木如樗蒲头，实角中。总发于脑后为一髻，即取头囊都包裹头髻上结之。羽仪以下及诸动有一切房甄别者，然后得头囊，若子弟及四军罗苴以下，则当额络为一髻，不得戴囊角。当顶撮髽髻，并披毡皮。俗皆跣足，虽清平官大军将亦不以为耻。曹长以下，得系金佉苴。或有等第战功褒奖得系者，不限常例。贵绯紫两色。得紫后有大功则得锦。又有超等殊功者，则得全披波罗皮。其次功则胸前背后得披，而阙其袖。又以次功，则胸前得披，并阙其背。谓之大虫皮，亦曰波罗皮。谓腰带曰佉苴。妇人一切不施粉黛。贵者以绫锦为裙襦，其上仍披锦方幅为饰。两股辫其发为髻。髻上及耳，多缀珍珠、金贝、瑟瑟、琥珀。贵家仆女亦有裙衫。常披毡及以绘帛韬其发，亦谓之头囊。”《管内物产第七》：“抽丝法稍异中土，精者为纺丝绫，亦织为锦及绢。其纺丝入朱紫以为上服。锦文颇有密致奇采。蛮及家口，悉不许为衣服。其绢极粗，原细入色，制如衾被。庶贱男女，许以披之，亦有刺绣。蛮王并清平官礼衣悉服锦绣，皆上缀波罗皮。”“负排罗苴已下，未得系金佉苴者，悉用犀革为佉苴，皆朱漆之。”十二版纳之原始泰的男子上衣短儒，冬加短棉袄，下服大裆长裤，均用深蓝色棉织物缝制。挽髻于顶，或加包头巾，佩长刀，挂背袋，袋中储槟榔盒，烟草匣及饭箪等物。妇女上衣方领窄袖紧身短襦，衣四角作锐角形而外翘。交衽，可左右衽互换，不用纽扣，而系以布带，用白色或深蓝色棉织物裁制，城市妇女上衣，喜用白色，乡间喜用深蓝色，下裳作筒状，称为筒裙或桶裙，裙长及地，分为三段，上段以红、紫、黄、绿等色棉纱或丝、麻相间织成，作横条子花，约占裙长三分之一；中段最长，普通用深绿色棉、毛织物，或用织花缎料，约占裙长二分之一；最下一段，则用白色棉织物，并镶花缏一二周，占全裙十分一二之长度，不御内裤。顶挽凤髻，贵族妇女饰髻以金银钗或金银花朵或珠串。耳饰锯鐲。平民耳饰多数为红绿色通草或铜质锯鐲，御手镯。贵族妇女施脂粉。宣慰使及各地土司之衣裤及包头巾，多购用汉地出产之丝织品，平民概用自纺自织自染之棉织品。清时宣慰使得穿黄马褂。官民男妇，通无束带，大都将裤裙最上端；折叠紧别于脐部，工作或行路，均易松脱，时须重整。贵族或饰金银质裤裙束带，但并非为固定下裳目的而御，不过供装饰耳。宣慰使及各地土司履用尖头皮鞋，平民用木屐或拖鞋。入室或登楼，必须将鞋屐脱置于门外或楼梯之下，室内跣足，室外不跣足（自称由大理迁居十二版纳、缅属景栋以及暹罗北部山区之阿卡族人，今犹跣足，脚板粗厚如革，履荆棘如平地）。概不披毡。被褥枕幛皆为棉制品。贵族与城市平民之衣饰，差距不大。统兵官与战卒的衣着，均无特别之规定。南诏与原始泰的衣饰，并不相同。又《蛮夷风俗第八》："南诏家食用金银，其余官将则用竹簟，贵者饭以箸，不匙，贱者搏之而食。""取生鹅治如脍法，方寸切之，和生胡瓜及椒樧啖之，谓之鹅阙，土俗以为上味。"酿酒以稻米，"每饮酒虽阑，即起前席奉觞相劝，有性所不能者，乃至起前席扼腕的顙，或挽或推，情礼之中，以此为重"。又《管内物产第七》："茶出银生城界诸山，散收无采造法。蒙舍蛮以椒姜桂和烹而饮之。"宣慰使及各地土司家食具多银制，头目平民家食具有瓷器、陶器或竹器。大都搏饭而食，亦用匙箸。以糯米为主食，副食为鸟、兽、鱼肉、蜂蛹、竹虫、青蛙、蚱蜢、瓜、果、青苔、酸干笋丝及野蔌之类。嗜牛肉剁生，将生牛肉剁细，加牛血、牛屎肠羹、盐、辣椒等拌和而食，视为上味，称之曰"腊"，滇人通称剁生。酿酒以糯米。贵族宴会，大都召良家女子善饮者席侧侑酒，有不能胜者，侑酒女郎，须代客干杯。无起前席扼腕的顙，或推或挽，以重情礼之俗。原始泰地区盛产茶，土人采摘嫩芽或嫩叶，用日光或蒸气或炒使凋萎，然后揉捻，置日光下曝干，即为成茶。食时大都先以小型瓦罐纳入三脚灶火灰中烧红，取干茶叶一撮，投入瓦罐，不断摇动，使茶叶烤有焦香味时，急冲入沸水，声隆隆不绝，俟其出味，倾出饮用，别具风味，称为雷响茶，与南诏以椒姜桂和烹而饮之的方法不类，南诏与原始泰的饮食及劝酒的情形，亦大有不同。南诏"凡人家所居，皆依傍四山，上栋下宇，悉与汉同，惟东西南北，不取周正耳，别置仓舍，有栏槛，脚高数丈，云避田鼠也。上阁如车盖状”。原始泰的房屋，居多临水，分上下两层，上层住人，下层高约五六尺，畜牛马鸡猪，堆柴薪，置杵臼。贵族建屋用砖瓦木材，以多柱为贵（车里宣慰使官邸，有柱约一百二十）。格式与中土不类。平民以木或竹为屋架，屋顶覆茅草或树叶或木片，旁建谷仓，与住宅同高度，谷仓下堆放柴薪杂物，均不得覆瓦。南诏与原始泰的房屋建筑，亦有所不同。

《蛮书·蛮夷风俗第八》：南诏“本土不用钱。凡交易缯帛、毡罽、金、银、瑟瑟、牛、羊之属，以缯帛幂数计之，云某物色直若干幂”。缯帛以四尺五寸为一幂。亦用贝，贝者大若指，十六枚为一幂。产颗盐之地，则交易即以盐之颗数计之，颗盐每颗约一两二两不等。十二版纳之原始泰，古时行以物易物之法，继用贝，后用锅片银。民国以来用银元，辅以铜币。其古代载籍中，尚未发现以帛计值的记载。不无差异。

《蛮书·蛮夷风俗第八》：“南诏有妻妾数百人，总谓之诏佐。清平官大军将有妻妾数十人。俗法处子孀妇出入不禁。少年子弟暮夜游行闾巷，吹壶卢笙，或吹树叶。声韵之中，皆寄情言，用相呼召。嫁娶之夕，私夫悉来相送。既嫁有犯，男子格杀无罪，妇人亦死。或有强家富室责资财赎命者，则迁丽水瘴地，法不得再合。”原始泰之车里宣慰使，一妻数妾（《南诏野史》载，明代澜沧江外摆夷头目有妻数百人）。至各地土司，或一夫一妻，或一妻一二妾。男女社交公开，妇女出入不禁。少年子弟，可自由探访任何妇女，勿论闺女孀妇或有夫之妇。有夫之妇大都能严守妇道，不幸有奸情败露，最重不过离婚，离婚极简易，离婚后即可自由改嫁，不受法律限制。又“蒙舍及诸乌蛮不墓葬，凡死后三日焚尸，其余灰烬，掩以土壤，唯收两耳。南诏家则贮以金瓶，又重以银函盛之，深藏别室，四时将出祭之。其余家或铜瓶铁瓶盛耳藏之也”。暹罗人及原始泰之傣泐，则有火葬、土葬、水葬及天葬之不同。暹罗多数用火葬，俸泐多数用土葬，无收两耳贮瓶，深藏别室，四时将出祭之的风俗。白蛮死后三日内殡葬。依汉法为墓。婚丧亦互不相同。

《蛮书·蛮夷风俗第八》:南诏“每年十一月一日盛会客，造酒醴，杀牛羊，亲族邻里，更相宴乐，三月内作乐相庆，惟务追欢。户外设桃茢，如岁旦然，改年即用建寅之月。其余节日，粗与汉同。唯不知有寒食清明耳”。每年十一月一日之盛会客，相宴乐，户外设桃茢。如岁旦等，应即为南诏的新年旧俗。有类于周时之子正。改年用建寅之月，则为仿自唐历，不为民间采用，因无所举行。亦犹吾国改行阳历，阳历元旦日仅机关学校有纪念。民间仍重旧历岁旦，换桃符，燃爆仗，新年期间，互相邀宴，欢庆往返，备极热烈的情形。原始泰之傣泐的新年，大都在清明后十日，亦即阳历的四月十五日，傣泐语曰“鲊迈”，译言新年。至日，勿论贵族平民，均须沐浴，更换新衣，诣佛寺赕佛，为佛像洁净金身，然后男男女女，互相洒水祝福，并堆沙。吾人因称之为泼水节，亦称为堆沙节。傣泐小历的一月，相当于我国旧历的十月，有类于秦时的亥正。暹罗北部清迈一带，则自阳历四月十三日起，至十六日止为新年，暹罗语曰“宋干兰”，俗称宋干节。家家户户，打扫清洁，燃放爆竹（国内傣族及暹罗北部清迈的爆竹，制以长尺余，径一二寸之竹筒，与近今国人卷纸为之称为爆仗者不同。《荆楚岁时记》曰“元旦爆竹于庭”。《通俗编》曰“古时爆竹，皆以真竹为之”是也），沐浴华装，诣佛寺拜佛后，红男绿女，十数万人，游行街巷，互相泼水为戏，其盛况远为我国之新年所不及。清迈一带所行小历的一月，相当于我国旧历的九月，行戌正。摆夷及暹罗人的新年习俗，均与南诏有所不同。

南诏的宗教信仰，有佛教、道教及泛灵。据元张道宗的《纪古滇说》，南诏第一世立国之主细奴逻，即已勤供自天竺前来乞食的梵僧。唐开元二年，盛逻皮遣其相张建成朝唐，玄宗赐浮屠像，南诏始有中国之佛书。其后阁逻凤叛唐归附吐蕃，又传入吐蕃之密宗。异牟寻与唐使崔佐时盟于玷苍山时，誓文中有“上请天地水三官、五岳、四渎及管川谷诸神灵，同时降临，永为证据”之语，则又信奉天师道，亦称五斗米道。细奴逻封十二圣贤为十二山神。盛逻皮立土主庙，异牟寻封五岳四渎，立三皇庙等，则又信仰泛灵。南诏的宗教信仰是颇为庞杂的。傣人及暹罗人普遍信仰小乘佛教。十二版纳的泐文载籍中累言及蒲甘王阿奴律陀事，其信仰之小乘佛教，似即传自蒲甘，与中土无关。观其佛寺佛塔的构造，与缅甸、暹罗的佛寺佛塔为同一型式，而与大理一带佛寺佛塔之为中国作风者不同。暹罗的佛教宗派，则比较复杂，大约七世纪时，有由印度摩揭陀传入之小乘佛教；八世纪时，有经由室利佛逝传播之大乘佛教；十一世纪时，有由蒲甘传入之小乘佛教；十三世纪时，有由锡兰传入之楞伽宗派。南诏与摆夷、暹罗人等，虽同奉佛教，但佛教传入的源流不尽相同。观唐开元初遣大匠恭韬徽义至南诏建造之三塔及崇圣寺与十二版纳及缅暹等地的古今佛寺佛塔的构造型式相比较，其作风完全不同。且南诏家无贫富，皆有佛堂，人无老壮，手不释数珠，一岁之间斋戒几半，绝不茹荤饮酒，至斋毕乃已。傣族及暹罗民户，均无佛堂之设，即僧人亦不茹素。由宗教方面观察，南诏与滇境傣人以及暹罗，虽同奉佛教，但差异仍是很大的。

就上举（一）源流，（二）父子连名制，（三）语言，（四）条教，（五）耕织，（六）衣食住，（七）交易，（八）婚丧，（九）年节，（十）宗教等十项探讨观察比较下来，南诏不似泰族。

最后，吾人再来看看《蛮书》、新旧两《唐书》及其他载籍，对南诏的族类怎么说：《蛮书·六诏第三》，一开始便说："六诏并乌蛮。"又说："蒙舍，一诏也，居蒙舍川，在诸部落之南，故称南诏也。姓蒙。"同书《名类第四》："西爨，白蛮也。东爨，乌蛮也。……阁罗凤遣昆川城使杨牟利以兵威胁西爨，徙二十余万户于永昌城。乌蛮以言语不通，多散林谷，故得不徙。"最值得注意的是"乌蛮以言语不通……故得不徙"。"多散林谷"，虽亦为构成得以不徙的一个原因，然尚非主要的原因。主要的原因，应为东爨乌蛮的言语与南诏不通，所以才把它列为构成不徙的第一原因，而多散林谷尚在其次。《蛮书》在《六诏第三》虽说"六诏并乌蛮"，但六诏之一的南诏的言语，与东爨的言语并不相通。由不胁徙乌蛮的借口推测下来，似乎南诏与西爨白蛮的言语，反而较诸与东爨乌蛮的言语为接近。证以同书《名类第四》“青蛉蛮，亦白蛮苗裔也……衣服言语与蒙舍略同”的记载，可以得其消息。是则《蛮书·六诏第三》虽言“六诏并乌蛮”，然就其与东爨乌蛮言语不通一层看来，南诏与东爨乌蛮，不无有所差别，旧新两《唐书》均言南诏为乌蛮之别种者，当即以此。西爨白蛮被徙后，乌蛮种遂徙居西爨故地，与南诏为婚姻之家。《新唐书》：“乌蛮与南诏婚姻，其种分七部落：一曰阿芋路，居曲州、靖州故地；二曰阿猛；三曰夔山；四曰暴蛮；五曰卢鹿蛮，二部落，分保竹子岭；六曰磨弥敛；七曰勿邓。”唐时乌蛮仲弁田之裔乌蒙，号乌蒙部，宋封乌蒙王，元初置为乌蒙路，明改为乌蒙军民府。明太祖谓乌蒙及附近诸部皆属罗罗族，乌蒙等名不过其支派云。《南诏野史》称“黑罗罗即东爨乌蛮”。《蛮书·名类第四》著录南诏部族三十余种，叙明为乌蛮苗裔种类者，有独锦蛮、长裤蛮、施蛮、顺蛮、磨蛮、栗粟两姓蛮、雷蛮、梦蛮等。叙明为白蛮苗裔者，有弄栋蛮、青蛉蛮等。叙明本汉人者，有裳人一种。未叙明所属者，有磨些蛮、河蛮、扑子蛮、寻传蛮、裸形蛮、望苴子蛮、望蛮外喻部落、黑齿蛮、金齿蛮、银齿蛮、绣脚蛮、绣面蛮、僧耆、穿鼻蛮、长鬃蛮、栋峰蛮、茫蛮部落、丰巴蛮、崇魔蛮、桃花人等多种。其中磨些蛮一种，虽未叙明其所属，而置于乌蛮种类的磨蛮之后，栗粟两姓蛮之前，《南诏野史》作摩梦，著录为乌蛮别种，亦即乌蛮之类。但未叙明南诏在此三十余种部族中，属于何种部族，抑在此三十余种之外的一种乌蛮。不过南诏为乌蛮部族中，言语与白蛮苗裔的青蛉蛮略同的别种，则是可以肯定的。《南诏野史》列有南诏各种蛮夷六十条，包括南诏部族七八十种，亦未透露此乌蛮之别种的南诏大蒙国王族蒙氏之所属。宋乐史在其所著《太平寰宇记》中说：“南平蛮北与涪州接，部落四千余户，山有毒草及沙虱蝮蛇，人并楼居，登梯而上，号为干栏。其王姓周（《唐书》作朱）氏，号剑荔王。唐贞观三年，遣使入朝，以其地隶渝州。按即南诏蛮是也。……其人美发为椎髻，土多女少男。为婚之法，女氏必先以货求男族。贫人无以嫁女，多卖与富人为婢。俗皆妇人执役。”所记盖采自《旧唐书》，惟易南平僚作南平蛮耳。新旧两《唐书》均作南平僚，别有《南诏传》，无南平僚即南诏蛮之说，不知乐氏所本？僚始见于晋人记载。《云南通志》卷一八四引《皇清职贡图》曰："相传为鸠僚种，亦滇中乌蛮之一。"分布甚广，贵州、四川、湖南、湖北、陕西、广西、云南等省皆有之，云南境内之僚，来自川、黔、桂之交。据《魏书·列传》第八十九《僚传》曰："其丈夫称阿谟阿段，妇人称阿夷阿等之类"，则颇似车里攸罗族之命名，而攸罗为窝泥的一个支派。清代若干记载，且直称攸罗为窝泥。但古籍中所记载的僚族文化要素，如生子置水中验浮沉以定弃取、产翁坐月、竖棺而葬、鼻饮、贵壮贱老、食人、祀人头、拔牙齿各一以为身饰等，与南诏的风俗是很不相同的，亦不同于攸罗，更不同于泰族。乐史南平僚即南诏蛮之说，殊难令人赞同。又曹树翘在其所著《滇南杂志》中，则认为南诏王族是哀牢之蒲种。其言曰："永昌城东哀牢山下，有二庙，俗名大官小官庙。每正月十六日，蒲僰会祭，城中亦往。凡水旱，官亦往祷。题神位大官则曰：大定戎方天下灵帝；小官则曰：大圣信苴利物灵帝。此必蒙氏世隆潛号改国曰大礼时，故即其始祖生长之地而祠之也。按蒙氏出自永昌苴笃之裔，哀牢山其所产也。及细奴逻由哀牢避难于蒙认（按：应作蒙舍川），遂代张氏立国称王。传逻晟、晟传罗皮阁（按：当作晟传晟逻皮，皮传皮罗阁），尽灭五诏，从蒙舍诏徙居大理，传阁罗凤、凤传异牟寻、寻都苴咩（即大理），别都鄯阐（即云南），传寻阁劝，劝传劝龙晟、劝利晟，利晟传丰佑，丰佑传世隆，世隆追封其十世之祖曰大定戎方，盖指创有南方之祖也。曰大圣利物，盖指其安辑哀牢之祖也。皆本细奴逻以上而祠祀哀牢山下，以不忘本始之意耳。僰人相传：大官为叔，小官为侄，则不可考。今以小官塑像观之，其衣服之制，俱与蒲蛮同。两庙皆被火更建，皆易以礼服耳。惟小庙像未焚，故可考。今府县官上任，谒城隍即谒二庙，了不知为蒙氏上祖，哀牢山土主，蒙世隆所立，故略记之。然则神故蒲而文饰则僰也。蒙段僭窃五百余年，其本在此，盖哀牢之蒲种也。"曹氏依据小官塑像之衣服之制与蒲蛮相同，又认为大官小官二庙，必为蒙氏世隆僭号改国曰大礼时，“故即其始祖生长之地而祠之”。遂推断南诏王室为蒲种。其观察研考之处，是值得注意的，惟仅凭塑像衣服之制一项而论断，证据似慊不足，盖《蛮书》名类，言其衣服，与白蛮苗裔之青蛉蛮略同也[①]。同时南诏传世风俗，文化特质，与蒲蛮差异很大，尚难据为定论。至于建立大长和国的郑氏买嗣，乃唐嶲州西泸令郑回之七世孙，属汉族。建立大天兴国的赵氏，大义宁国的杨氏，大理国与后理国的段氏及大中国的高氏等五朝，皆属白蛮族类。计自蒙氏细奴逻于唐太宗贞观二十三年己酉（西元六四九年）建立大蒙国起，至宋理宗宝祐元年癸丑（西元一二五三年）南诏后理国主段氏兴智为蒙古所俘，国亡止。凡七朝六百零五年。此七朝六氏的建国者，都不是泰族。

① 本文写于民国二十七年杪，原为《暹程纪略》之附录，不料纪略下卷文稿，被承印公司遗失，同时上卷又被公司友好加以篡改，尤其八百媳妇国被改为八百妇女国，交书时，还很得意地说“八百媳妇不通，没有八百儿子，怎么会有八百媳妇，我已替你改正为八百妇女国了”，使人啼笑不得！因之印好的纪略上卷，未便发行，仅分赠二三知交而已。《南诏非泰族所建》一文，后收入《佛海简师特刊》，一九五五年收入《南荒内外》。但对于南诏王室及其臣民服装，究竟如何？仍耿耿也。一九八三年，购获《南诏大理国新资料的综合研究》一书。印刷精美，对于南诏大理国国主、官吏、将士以及民间的服饰，都可以在大理国梵像卷及南诏图传中，很清晰地看到，和泰国旧时及各地区傣族的传统服装大不相同，亦不同于蒲蛮（今称布朗）。惜《滇南杂志》著者，未获一睹此稀世珍宝，否则不会认为蒙段盖哀牢之蒲种也。

南荒内外
续　　编

孟艮土司

思茅在盛清时代，辖地殊广，不惟车里宣慰使司领域，归其管辖；即泰国的清莱、清迈等府，缅甸的景栋，寮国的猛信一带，皆在其管辖之内，总面积约十二万方公里有奇。《清史稿·职官志四》："云南指挥使司指挥使二人，普洱府属：孟艮，古孟揹，召丙袭；整欠，叭光捧袭，俱乾隆三十一年授。宣慰使司宣慰使一人，普洱府属，车里，顺治十八年刀穆祷袭。宣抚使司宣抚使七人，普洱府属二人；整卖召纳提袭；景线呐赛袭，俱乾隆三十一年授，古八百媳妇国地。"又"土守备五人，思茅厅属二人；六本，猛斋袭；景海，猛彪袭，俱乾隆十三年授"[①]。上述各司，或言思茅厅属，或言普洱府属，然大都由思茅厅所管辖。如车里宣慰使司，史称普洱府属，但清廷颁发之印信，冠以思茅厅字样，文曰："云南思茅厅车里宣慰司之印"。虽著录普洱府属，而实际仍隶思茅厅管辖。其他各司，亦复如是。所以，英俘缅王之后，孟艮径遣使向思茅厅告急也。昔日思茅厅所管辖各司，现仅车里宣慰使司尚在域内，已分别改县。六本、景海、整买、景线、孟艮、整欠各司，则分属于泰、缅、寮三国。（按：六本疑即南奔；景海即清莱；整卖即清迈；景线即清盛，亦译昌盛，今均属泰国。孟艮即景栋，今属缅甸。整欠即猛信[②]，今属寮国。）思茅县现有领域，

①《清史稿·职官志四》。

② 整欠指挥使司旧治，位澜沧江西之景千（整欠即景千之异译），后移江东之猛信（亦作猛悻，现属老挝）。

仅三千八百六十七平方公里，不逮盛清时期思茅厅所辖面积百分之三点二。

孟艮土司，今通称景栋。其实景栋乃孟艮首府之称，为缅甸东掸邦一大都会。因其城有池曰洊涷，故名景涷。艮语景训为城，为镇，为都会，为首府。洊训为池、为湖，涷为池名，义即涷池城。亦译景东，或译康东。滇侨为别于云南省之景东县起见，把它写作景栋，也有写作景冻或景洞的。琼属侨胞译为昌东，潮属侨胞则根据暹文而译为清东。而景栋一名，为普遍所采用。英图作 Kengtung。元时作耿冻。孟艮乃其全境的名称，孟训为县、为州、为府、为国。艮为其民所自称曰傣艮，意即艮人之国。《明史·云南土司传》曰："孟艮蛮名孟掯。"若以国语罗马字拼土音，则又当作 Meeng Keng 也。

孟艮土司，在元为耿冻路[①]，至正七年置。明洪武十五年，省入车里。永乐三年置为孟艮御夷府，以其酋长刀哀知府事，隶云南都司。后隶布政司。正统间，孟艮地多为木邦所并。景泰中复入贡。嘉靖十一年附于缅甸。清乾隆间，杨应琚、明瑞及傅恒等，先后以大兵征缅，孟艮土司复举地内属。三十一年置孟艮指挥使司，以其头目诏丙为指挥使。编隶普洱府和普洱镇管辖。清季式微，对于藩属，逐渐失去维护之能力，孟艮土司，遂兼臣属于缅甸。光绪十一年，英三战灭缅，俘缅王。当时孟艮土司惶恐不知所措，曾遣使入思茅厅告急，企求庇护，以未得要领，于是遂于次年英军略取上缅甸之时，入于英帝国之版图，为英保护国之一了！

英灭缅之后，将其地并入印度，夷为一省，但对于南北掸部三十余土邦，仍各听其自行治理，并保存其原来之王号以羁縻之，而监督之以南掸联合政府和北掸政府。孟艮被划属于南掸联合政府监督之范围。南掸联合监督驻峒巨（Taunggyi，亦译峒己，闽侨译作东枝，远征军译作棠吉。缅语峒训为山，巨训为大，义为大山）。北掸监督驻锡箔（Hsipaw，亦译昔薄）。孟艮乃峒巨之副贰也。英治时期，孟艮

① 方国瑜教授以耿冻即整董，非。

南掸部副监督驻孺媚山上，不驻景栋。孺媚位于景栋城东南约十五英里，汽车道迂回长十九英里七。海拔五千六百英尺，气候温和，风景绝佳。孺媚监督署设副监督一员，助理一员及公路监督等，皆英人，共司孟艮全境政务交通等事务。并驻有尼泊尔及印度籍步骑戍兵五百名，内骑兵六十名，则多数为印度旁遮普省人。孟艮土司驻景栋。在英帝国怀柔政策之下，尚保有相当之权威，受孺媚副监督署之监督，有总揽全境地方政治、统率全境民兵、行使征收地方赋税等等权力。平时有常备兵百余名，警察三十多名。孟艮土司自称曰诏法，译言天王，或曰诏帕，译言佛主或佛王。华侨称已故世的老土司诏冠玟[①]曰大官，称前任土司诏杰猛及现位土司诏宰弄曰小官，或依照土语称之曰诏法景栋。其下为司廊的制度，类于议会，与十二版纳大体相同。民国三十七年元月四日，缅甸脱离不列颠帝国而独立，成为缅甸联邦共和国，将孟艮由南掸联邦划分出来，称为东掸邦，统归掸邦事务部长管理，孺媚英员及英戍兵撤退后，即由缅军接防。孟艮土司职权，渐被削减，进而被迫完全放弃土司原有的统治权。若干土司，后且纷纷锒铛入狱。孟艮土司亦未能例外。土司制度废除后，景栋设为市，由缅甸联邦共和国政府直接派官治理。孺媚设为孺媚县孺媚市。大其力亦设为市。

孟艮全境面积约三万一千零八十平方公里（一二〇〇〇平方英里），分八十六个部落，即八十六猛。《薛福成出使日记》曰：“所属有三十二孟”，远较近今猛数为少，此盖今昔部落分合不尽相同之故。按孟亦译作猛，有广狭二义：广义之猛，约等于汉字之国或省，或更扩大而指一洲，或整个世界。如呼中国曰猛伽，云南省曰猛和，越南

① 诏冠玟之前任为其兄诏应他亮。诏冠玟死，子诏公泰（又名诏杰猛）嗣。公泰于小历一二九九年（西元一九三七年）被刺死，子诏宰弄年幼（十一岁），英驻景栋监督罗伯特将之送往伦敦就学。土司职务，即由罗伯特兼代。小历一三〇八年（西元一九四六年），诏宰弄二十岁，由英学成归来，翌年三月十八日，正式继承其父之土司职位。就职典礼于四月一日举行，以黄、绿、红三色，中缀白日之旗帜为景栋国旗。小历一三二四年（西元一九六二年），缅甸国防军发动政变，执掌政权，不久，即将孟艮土司，加以撤废。

国曰猛交，欧洲曰猛咖拉，世界曰猛总埔；狭之猛约等于汉字之府或州及县，或指范围更小，有田原，有村落，有小部落酋长居守之区域。如昆明曰猛些竜；思茅县曰猛喇；佛海县[①]包括四个土酋领地曰猛海、猛滘、猛板及猛景洛是也。孟又可作部落解，三十二孟，即三十二个部落之谓。全境八十六部落，共二千八百四十余村，约五万多户，二十五万人[②]。每平方公里居民八人强，是一个地旷人稀的所在。

孟艮的居民族类，颇为复杂，除艮人外，有缅人、倮黑、阿卡、窝泥、栗粟、蒲蛮、崩竜、卡摩、卡康、苗子及傜人等。就中以艮人为最多。艮人即摆夷，在缅甸的摆夷，近通称掸人，摆夷聚居区曰掸邦。缅语曰享，英文作 Shan，于是又有据英文而别译作珊的。孟艮人自称曰傣艮，侨胞则呼之为艮子。民性柔顺易化。自归英保护，并入缅甸为一个政治单位之后，竞趋缅尚：习缅语，从缅俗，外表观之，已不容易分辨谁是缅人，谁是掸人了。

孟艮人的语言文字，与十二版纳傣泐人的语言文字相同，可以互通。汉人称为艮子话艮子字。其文字虽亦被称为掸文，但与通行于南北掸部的南掸文和北掸文都不同。语言可以互通，文字则不能互通。其他族类如卡钦、倮黑、阿卡、崩竜等，用其固有的方言，而以艮子话为各族间互通情愫的媒介。卡钦、倮黑、阿卡等族，原无文字，近年西洋耶稣教士，用罗马字母，各为之创制拼音文字，作传教的利器。出版物有《新约全书》《赞美歌本》等。

孟艮掸人普遍崇信佛教，凡是男子，都要经过剃度、和尚这一阶段的。他们尊称释迦佛曰“帕诏”，是佛主的意思，清《一统志》把它认为是孟艮的又一名称，大为错误。全境二千八百余村落中，佛寺九百余所，平均每三个村落，就有一座佛寺，若以人口来分配，则每二百八十人弱，就有一座佛寺，佛教之盛，可以概见。在土司治理时代，教育全权，完全落在佛寺的僧人手里。归英保护后，遂渐有新式

① 今称勐海县，并将南峤、宁江裁并入之。

② 二十五万，为民国二十年调查数。

学校的设立，以英缅文为主。并有耶稣教会兴办的英文学校，华侨兴办的汉文学校。

孟艮北与云南的车里、佛海、南峤、澜沧等县毗连，东以湄公河与寮国为界，南与泰国的清莱清迈两府为界。地当滇、泰、寮之卫，为缅甸东掸邦的重镇。在英治时期，英政府年拨巨款，整顿交通，公路四达。西线公路：由景栋西行经猛丙至萨尔温江畔的打哼，长一百十二哩，又一百七十一哩至联合掸邦首府峒巨，再十二哩至瑞仰。由瑞仰有火车道西行至大市（Thazi），再南折至缅京仰光，长四百零四哩。自景栋至仰光，共程六百九十九哩，需时三日或四日，为孟艮出海的第一条交通要道。闵为人论滇缅西南北之界务说："今英国之火车，已修至孟艮。"谢彬的《云南游记》也照样引用，其实缅甸东线铁路，仅筑至瑞仰而止，距离孟艮，还有二百九十五哩之遥呢。南线公路：由景栋南行经猛叭、猛岭、猛戈而至缅泰界河北岸之大其力市，长一百零五哩。越过媺柿河桥，即进入泰国最北端的媺柿县。由媺柿有全天候公路南达榄邦（亦译南邦），长三百二十四公里。由榄邦有火车直南到达泰国的京都曼谷，长七百五十一公里。自景栋至曼谷共程一百零五英里又一千零九十八公里，共折合英度七百八十七哩余，需时约三日或四日，为孟艮出海的第二条交通要道。第一第二两道，在战前均已通车。东北线公路：由景栋东北行至打丙江南岸段，在战前，英方已筑有毛路。抗战中，云南全省经济委员会主办的佛海服务社，征得英方同意，于二十九年，由打丙江北岸，延筑至佛海，中国茶叶公司由上海抢运经曼谷而运存于景栋的大型制茶机器及一铁工厂机件方得由景栋用双水牛大车，载运至佛海装置，投入生产，将产品运销国外，易回军需物资，供应抗战。佛海至昆明段，政府亦分段兴筑。昆明、呈贡、晋宁、玉溪、峨山段并已通行汽车。中共延筑由峨山经扬武坝、青龙厂、元江、墨江、宁洱、思茅、车里、佛海而至打洛，是即昆洛公路，共长八百六十九公里。由景栋经打丙、猛麻、小猛拉而至滇边打洛段约一百零三公里，则由缅方于民国五十四年加工兴筑完成，与昆洛公路相衔接。为由滇西南交通中南半岛之通路。

他如邮政电报电话，均有设置。并有空运机场，有小型飞机经海和至仰光，交通方便。

景栋有一座砖城，民国十九年，景栋几位老侨胞言：此城是我们中国人在明朝万历年间主持兴筑的，有些砖上，并且还有“大明万历□□年造”的字样云云。我曾几度搜访，但无所获。或许在表面上的，已经磨灭？孟艮于明嘉靖十一年就附于缅，一直到清乾隆年间杨应琚、明瑞及傅恒等，先后以大兵征缅，又才来归附，想来不会有在万历年间，我们中国人还能在此主建城池的道理。即便筑于是时，也不能仍沿用明朝的年号，因已沦缅多年了。而土人口碑，则谓三十年前，大约在清光绪庚子、辛丑年间（民前十一、二年），有一位九十余岁的老妪言：她幼年的时候，曾参与运砖修筑城垣工役，为土司自行主建，但亦有华工参与工作云云。观砖色及砖之大小规格（青砖红砖均有，红砖最多。青砖唯华工所擅长，土人不谙青砖法。红砖规格有1.5×3×6、2×3.5×8、2×4×9英寸大小多种。青砖厚营造尺二寸半弱，约等于英度三寸；宽五寸弱，约英度六寸；长一尺，约英度十二寸半；完全本着中国尺度。砌工亦精粗不一），以及工程技巧，此为近似。就曾经于幼年参与运砖修筑城垣之老妪所言推算，此城当筑于嘉庆、道光之际，或道光初年，民国十九年前一百一十年左右。或者此城确兴筑于明时，故侨胞一代一代地递相流传下来，但不应兴筑于万历。或者兴筑于明初设置御夷府，以其酋刀哀为土知府之时代或稍后，而老妪参与之工役，仅为修缮补苴中之一次，所以砖色大小间杂不调和，工程技巧亦精粗不一致。至于格式，则完全仿自中朝。惜土司家乘并若干记录，密不肯示吾人，民间仅有传说，无法确定其兴建之时代。其他建筑物，要算佛寺佛塔为最多。景栋城中，佛寺不下三四十，全境佛寺数目，达九百二十四所，佛塔之数更多。佛寺以城中心区的铜佛寺（俗称官家大佛寺）的规模为最大。华侨拜佛有观音寺。景栋城内，最近多新式建筑，如大市场之大礼堂。土司住宅，尤为堂皇畜丽，称为王宫，为英政府于多年前所建赠云。

孟艮天候炎热，原野肥沃，雨量丰沛。农产品以稻米、玉蜀黍、甘蔗、茶叶、烟草、棉、麻、花生等为大宗。果品有椰子、凤梨、香蕉、檬果、菠萝蜜，香瓜、西瓜、乳瓜、橘、柚、柑、橙及梨、桃、番桃尤多，遍地皆是。畜产有象、马、牛、羊、猪、犬、鸡、鸭、鹅、鸽。水产富鱼虾。山野多虎、豹、熊、獾、鹿、麋、麂、猬、野牛、豪猪、果狸及各种猿猴。林饶柚木，称为特产。工产的土布，足供本地大部分居民的需要。他如刀、剪、彩漆提篮、灰陶水壶、银质水盂、擎盘、槟榔盒以及旅行背袋等，制作皆精巧。

孟艮人比较重商，长于小本经营。二次大战前，大一点的商业，几乎被印度商人所垄断。战后，华侨商业勃兴。民国五十四年，缅甸政府突然施行国有化政策，外侨商货，概被接收，吾侨商业，彻底遭受摧残。缅方官吏不长于商务之经营，所接收自外侨之商货，卖完吃光，于缅甸国计，无所补益；民生则一天一天地凋敝。若不改弦易辙，则人民将无昭苏的希望。

景栋城区的掸人，一日三餐，以粳米饭为主食。有一种称为“粈贡”的粳米，作饭白润香软，纵缺乏副食品佐餐，亦易下口。米质之佳，在缅、泰、寮、越一带，首屈一指，亦为蓬莱米所不及。土人有歌曰：“麻丽麻仙峄，媸丽媸锡箔，粈丽粈景冻。”译言好马莫好于仙峄（即木邦）的马，美女莫美于锡箔的姑娘，而米则莫优于景栋米的意思，景栋米质量之佳，可以概见。至乡居的掸人，仍以糯米饭为主食，副食为鱼肉蔬蔌瓜果，食时不用箸，以手就盘内将饭菜撮送入口，与缅甸人印度人的进食方法相同。饮汤用匙，喜饮酒吸烟，尤嗜槟榔，和以蒌叶石灰烟茎及儿茶。幼少年人吸烟饮酒，父母不禁。

掸人衣服，男女上衣，略如我国之对襟马褂，但不加绲领条。男子下衣特别宽阔，裤管特大，可容婴孩。女子下裳曰“禂”，汉人大都译称笼基，或曰纱笼，或曰桶裙，与缅甸妇女装束相差无几。颈挂金链或珠串，衬以洁白上衣，分外显得美丽。乡间衣着朴素，大都用自纺自织自染的棉织品。全境织布机数达二万三千五百多部。占全人口十分之一弱。城市掸人衣服的材料，多属丝绸呢绒哔叽洋布等舶来品，用本土棉织品的人很少。生丝向由云南输入。掸人购以织造上等衣料。自人造纤维纺织品行销以来，生丝市场，遂一蹶不振。

掸人的住宅，在乡间，仍茅舍楼居，即《北史·蛮獠传》的“干阑”，亦即《唐书·南蛮传》的“干栏”。楼下置杵臼，畜六畜，与滇境十二版纳傣泐人的住宅相类。惟室内多一神龛，供奉佛像，稍有不同，盖已深受缅化了。经济情况许可的人家，屋顶多改覆红瓦，以防火患。景栋城区，什九为砖瓦房屋，有本土式，有欧式，有印度式，有欧印混合式。华侨建筑，仍多数保持中式，也有采西式的。

艮人的男女婚姻，是相当自由的，双方恋爱成熟即可结合，恋爱成熟时期，有短至数日的。婚后如有任何一方不满意，可以随时离异。一夫一妇相终始的，为数甚少。掸人民间的丧葬，简单平凡。他们对于人死了，认为是平常而自然，因为人人皆有死，把死者尸体抬到墓地埋葬起来，便算了事，没有清明扫墓一类的习俗，也没有墓碑一类的标识。不封不树，墓和地面是一样平平的。《礼·曲礼》：“古也墓而不坟。”他们的墓葬情形，和我国的古礼是不谋而合的。高僧、贵族和富户们死了，多数举行火化。丧葬仪式繁缛，墓亦封为坟。高僧墓上，且大都起塔，一切便都不平凡了。

景栋的侨胞，在抗战前，约不过四五十户，不足两百人。除极少数差可称为小康之外，大都仅可糊口。抗日战起，无不解囊捐输，支持抗战，贡献殊大。日寇南进，景栋侨胞，多数避难至滇南边境的佛海、车里、南峤及澜沧等县。战后复员，避难回国侨胞，纷纷又回到景栋，重整旧业。解放初期由滇境避居景栋的国人激增，约一两万人。单单景栋城外大监狱附近的湃泽一地，便有由南峤县顶真乡逃居落户的傣泐人四百二十多户，二千余人了。侨居于景栋的新老华侨，与景栋本地人，均相处得非常融洽，如昆如季。尤其十二版纳及孟琏一带的傣人，景栋的艮人，对之更见亲密。据传“其先有兄弟三人：一名岩坚良，为孟艮土司；一为岩玉泐，为车里土司；一为岩仔琏，为孟琏土司，所以孟艮、车里、孟琏，永为兄弟之邦”云。

“泰”为自由人之说尚有异议

在云南的傣族，包括傣泐、傣㚢、傣雅、傣绷以及沙人，均自称其族为ㄉㄞ；缅甸的掸人及暹罗北部的永族，亦自称其族为ㄉㄞ（Dae）。ㄉㄞ（Dae），旧译作歹，今通作傣。暹罗人则自称其族为ㄊㄞ（Thai）。ㄊㄞ（Thai），汉译作泰。民国二十八年（西元一九三九年），暹罗国务院长銮披汶倡大泰族主义，因改国号为泰（ThaiLand），于是泰族一名，遂为学者所普遍采用。国内之傣人、侬人、仡佬、土僚、仲家、壮人、沙人、黎人、洞家、水家、𠊎偾、莫家等，同属洞泰族[①]，在云南的今通称傣族。傣，仍读为歹[②]。

明田汝成于嘉靖三十七年成书之《炎徼纪闻》之《蛮夷篇·苗人章》中所言“称其酋长曰茫，称人曰歹，自称亦曰歹”之苗人，应即指洞泰族中为数最多的壮族人，而非苗人。苗人自称曰糜（Mun）、曰萌（Hmung）、曰沐（Mu），无自称为歹者[③]。汝成官广西藩臬十余年，述所闻而为是书，将壮之自称，误记入《苗人章》中，张冠李戴，在所难免。广西为泰族—壮人——居住国内最多之一省，民国三十八年前之调查数约六百六十余万，占全省人口总数（一四,六三六,三三七

① 见“中央研究院”民族学研究所编印之中华民族之构成。但壮人作僮人。

② 傣音歹，见《中国少数民族新貌》一八五页。（香港上海书局出版）

③ 作者在滇南、寮北、泰北、缅东南访问庙族所得。日人鸟居龙藏之苗族调查报告中，苗人自称有 Mun、Mon、Mu 等，未发现苗人有自称为歹者。

人）百分之四十五强。六十七年之资料一千一百多万人[①]。七十一年之资料为一千三百三十七万八千一百六十二人[②]，为全国少数民族中最多之一族。若加上其他同属洞泰族群之仲家、洞家、傣人、黎人、水家、侬人、沙人等支之人数计算，将近两千万人。明时广西壮人之自称，可能即为歹，故《炎徼纪闻》有“自称亦曰歹”之记载，不过误入苗人章中耳。今则多自称布侬[③]，与贵州仲家苗之自称相同。壮仲双声，一名异译。

民国二十年，余在拙著《车里》一书中，释歹为自由，当时之根据，已不复记忆。法国汉学家兰番佛巴德里（Pinrre Lefeure Pontalis），在其所著《泰族侵入印度支那考》中谓：“泰字（Tai）写法，自暹罗人摆脱柬埔寨人桎梏之后，改作Thai，其意欲昭告于众，谓其人乃自由人耳。”[④]另一法国汉学家艾莫涅（Etinne Ay Monier），在其所著《古代暹罗考》亦曰：“泰之意义为自由人。”[⑤]亦以自由为解。英人吴迪（W.A.R.Wood）著之《暹罗史》第一章《泰古代史原》中，亦言“泰字之意，常作为自由解”[⑥]。凌纯声在其所著《中泰民族之关系》，亦言“泰则其自称，意即自由，泰人即自由人也”[⑦]。歹或泰之意义为自由，似已成了定论。但泰国枢密大臣他尼尼越亲王，则持不同之说法。西元一九五八年十月十日，他在曼谷美侨协会演讲时指出“泰国”这个国名，对泰国是不祥的。他主张仍改用“暹罗”。他说：他一向都喜欢暹罗，因为这是传统的名字。他解释称“泰国”，是一个本国及外来合璧而成的名词（按：指Thailand一名而言）。他简直不知道这个名词的意义与界说（载一九五八年十月十一日《曼谷中原日

① 据一九八一年《中国少数民族》四九五页所列之数字。

② 据一九八二十月三十日《大公报》。

③ 亦有自称为布土、濮土、布侬、布崇、布曼、布衣、布陇者，见广西民族出版社出版的《壮族通史》九页。

④ 见《国闻译证》七〇页。

⑤ 同上一一七页。

⑥ 见《吴迪暹罗史》（陈礼颂译）一三页。

⑦ 见《中泰文化论集》二页。

报》第五版，见上图剪报）。他尼尼越亲王是泰国的皇族，身为枢密大臣，不会不知道泰（Thai）之一字在泰文中的含义[①]。他说"泰国"（Thailand）这个国名对泰国是不祥的，国（Land）字说不上祥与不祥，言"泰国"这个国名，对泰国是不祥的，不啻说"泰"（Thai）这一个字是不祥。是则法、英汉学家所谓"泰之意义为自由人"之说，尚不能作为定论也。

① 佛历二五二五年（西元一九八三年），泰国教育部，为纪念曼谷建都二百年印行之泰文字典第四一〇页：Thai（泰）字下，有"人身有自由而无奴隶"之训。疑受法、英汉学家之说，然后补充者。

滇印古道

民国二十三年冬，余游加尔各答，下榻于滇侨杨守其先生的寓所。守其先生见告：去年，其丽江同乡某君，由丽江至维西结伴出猎，裹粮逐兽，西向经行若干崇山峻岭，密林幽谷，十四日而至印度东北角之萨地雅（Sadiya）。所经林莽中，断断续续的有被蔓草淹没的石板五尺道，疑即汉武帝于元狩元年，因博望侯张骞之建议，令王然于、柏始昌、吕越人等十余辈，间出西南夷，指求身毒国。至滇，滇王尝羌，乃留为求道，岁余，皆闭昆明，莫能通的滇印古道。[①] 亦即唐贞观中，巂州都督刘伯英上疏请击松外诸蛮，期能打通的西洱河天竺道。[②]

十三世纪初年（宋嘉定八年乙亥，西元一二一五年），猛卯竜（Mong Maulung）[③] 王诏竜苏卡帕（Chao lung sukapha）率领一万大军，从猛卯竜经由胡康谷（Hukong）向坝凯（Pat-kai）前进时，征服了通往猛敦荪钪（Mong Dun sunkham）途中的若干部落，以查莱埵（Charaideo）为首都，然后在一山坡地段建车竜车钪城（Chelung Chekham），成立阿洪（Ahom）王国。[④] 诏竜苏卡帕率领大军从滇西打到印度阿萨姆（Assam）所经，想即循古代由滇通往印度之故道。

---

① 见《史记》卷一百十六；《汉书·卷九十五西南夷传》。

② 见《唐书》卷二百二十二下《南蛮传》。

③ 今瑞丽县。

④ 见 *Mrs.Yehom Buragohain: King Sukapha And His Journey To Assam: The Manusoript Evidence*

《瀛涯胜览》中之“上水”地位考

《瀛涯胜览·暹罗国》条[①]：“国之西北，去二百余里，有一市镇，名上水，可通云南后门。此处有番人五六百家[②]。诸色番货皆有卖者，红马厮肯的石，此处多有卖者，此石在红雅姑肩下，明净如石榴籽一般。中国宝船到暹罗，亦用小船去做买卖。”

冯承钧《瀛涯胜览》校注本，对“上水”未有校注。

陈棠花《瀛涯胜览·暹罗条》注释本称“国之西北，即指讵大城之西北。上水，伯希和谓：当非溯水而上，而系市镇之译名。但伯希和自谓对暹国古市镇不甚明了，不能证明其地。笔者为先查考其名称，然后以通云南道证之。北部的清迈（即景遇）”，为通云南后门之一地。其地产雅片，笔者尝见贩雅片者，记雅片来源曰水上，以代清迈，此殆指溯流而上之义。另一在大城西部可通云南后门地，即干差那武里，其地即产红马斯肯石（详下）处，此地可由三佛塔孔道至缅境，由至沿萨尔温河而入掸部出云南，此地有夜功河之二支流：一名槐艾，一名槐莱。即大支流与小支流之意。槐义为水，但音则非“上”，且地在大城之西，当说不去。虽红马斯肯的石在干差那武里出产，但可携售于他地。另一地则为彭世洛，其地近素可太。彭世洛因位于昭披耶河近北部支流（即难河）与容河之间，故古代称彭世洛为上槐，上义为二，槐义为水，即二水汇流地也。由彭世洛至素可太，再至拉恒通

① 商务印书馆 1962 年台一版冯承钧校注本廿一页。

② 陈棠花编著《郑和通使暹罗考》附录：《瀛涯胜览·暹罗条》注释本作二三百家。

暹北夜东入缅境，沿萨尔温河至于掸部入云南。若以清迈入云南最近，但其地多山，且此地为暹北部，非西北。干差那武里虽为红斯肯的石出产地，亦暹西非西北。彭世洛则在暹北而稍西，其地古代名二水地，暹名二音上，故第一字可译音，第二字可译义，而得为上水。又称：“考暹古代通云南途道，由暹西即三佛塔道略如上述。《清迈志》一书记载：古代暹北，昌莱（位于清迈之东北暹极北边陲地）入古八百大甸而不能由北直趋，因阻于山岭，须先绕西行，入缅境，再绕东入昌敦而入车里（十二版纳），古代途道均如此。”

陈君以清迈“为暹北部，非西北”。谓：“彭世洛则在暹北而稍西，其他古代名二水地，暹名二音上，故第一字可译音，第二字可译义，而得为上水。”认为“上水”即彭世洛。根据现代暹罗地图，大城位东经一百度三十五分，彭世洛位东经一百度十五分，在大城北方偏西约七度。清迈位东经九十八度五十二分，在大城北方偏西约十九度。上水则在清迈府城东北九公里，位于大城北方偏西约十八度。清迈及上水，虽同为暹北地区，但较彭世洛均更为偏西，虽不正位于西北方，以北北西略北之地位而曰国之西北，应说得过去，古人不会严格到必须偏西四十五度，方能称为西北方也。又陈君释二水地曰：“暹名二音上，故第一字可译音，第二字可译义，而得为上水。”但暹语“二”（Suang）音近“双”而不近“上”，未免牵强。同时彭世洛远居清迈之南微东四百三十七公里，距离云南后门甚远，更难圆其说。至谓“古代暹北昌莱入古八百大甸而不能由北直趋，因阻于山岭，须先绕西行，入缅境，再绕入昌敦，而入车里（十二版纳），古代途道均如此”。《清迈志》一书，未能获阅，是否如此记载，无从复按。

按“上水”（Sansai），位于清迈府城东北约九公里，湄滨河之东，渡河而西，即清迈府城。潮属侨胞译为“讪西”或“讪柿”，为清迈府属十九个县之一。余侨寓清迈多年，曾数度往游，滇侨书信往还，通作上水，口语或循暹语作“上腮”。暹罗铁路公路未通达暹北以前，滇南商旅，大都集中于上水做买卖，亦有远至大城或曼谷贸易者。暹北铁公路通至清迈以后，侨寓上水滇人，多数移入清迈府东城外王河街（Charoenprathes Road）一带。旧时十二版纳商人至上水做买卖者，通常由车里大猛笼出国，南行经缅属猛累（猛垒）、猛勇、猛白了，西南折经猛岭、猛戈、红勒、大其力而入暹北边境湄赛（潮侨译作媺柿）。猛笼至湄赛，马程六日，约一百九十一公里，又南行二日至景海（旧景海土守备司，今通作昌莱或清莱），六十五公里。民国十七年初，余曾就伴紫梗商马帮旅游至此，然后换车至曼谷。当时暹北公路已通至景海略北，湄赛一段正兴筑中。由景海西南行经湄岁、渊八宝、湄喀沾而至上水，约五日程，一百六十六公里。或由景海南行经网攀，再西南折经渊八宝、湄喀沾、嶋沙吉（亦作黎色菊）而至上水，亦五日行程，约一百六十八公里。此两途，余侨寓清迈时，均曾踏勘，并无山岭阻碍，仅嶋沙吉至渊八宝段为山路，但山势不高，可以通行机车、吉普车或牛车。由滇南边境猛笼，经猛累、猛勇、猛白了、猛岭、湄赛、湄沾、景海、湄岁、渊八宝、湄喀沾、嶋沙吉而至上水，长四百二十二公里，马程十四日即可到达，路甚易行，无"由彭世洛至素可太，再至拉恒通暹北夜束入缅境，沿萨尔温江至于撣邦入云南"，迂回曲折一千二百七十余公里，翻越道纳山脉，渡萨尔温江以及跋涉若干穷山恶水，耗时四十余日，方可到达滇边之必要也①。

佛海汉摆夷罕荣邦君言：彼于光绪初年，曾赶马至曼谷做买卖，即遵由猛笼出国，南行经猛累、猛勇、猛岭，进入暹境湄赛，复南行经景海、葩夭、猛坳、老关（南邦）、大城而至曼谷。罕君言："那时暹罗还没有公路及铁路之建筑，由猛海到曼谷之交通工具，端赖骡马，约须四十日或四十余日之行程，方可到达。"由猛海往返曼谷一转，

① 由彭世洛西出素可太、达府、夜束，途长二百二十四公里，由夜束渡梅河（萨尔温江支流）入缅境马瓦底（Myawadi），然后北行经瑞冈、巴本至嶋嵻（雷高），长约五百公里。由嶋嵻东微北折行经猛阪、猛屯、猛萨，东北折经猛柯而至景栋（昌敦），长约四百五十公里。由景栋继续东北行经蛮打丙、猛麻而至云南又一后门打洛，约一百公里，共约一千二百七十七公里，合二千二百十四营造里。较由猛笼经猛累、猛勇、猛岭、湄赛、清莱、湄岁、渊八宝、嶋沙吉一途至上水之四百二十二公里，合七百三十三营造里，要迂迴曲折多跋涉了约八百五十三公里，合一千四百八十余营造里之遥。若由大城西走干差那武里，再西行入缅绕道，则途程更为遥远。棠花先生所言，似有差误。

动须跋涉三阅月。若仅至上水，则由景海转西南行经湄岁、渊八宝、湄喀沾、孎沙吉等地前往，约两周即可抵达，往返途程，不过一月。

《瀛涯胜览》著者马欢，随郑和通使暹罗时，暹都大城。大城距上水约七百二十三公里[①]，合营造尺制一千二百五十五里。冯承钧据《胜朝遗事》及《国朝典故》本，校改为“国之西北去二百余里”，疑“二”字上脱一“千”字，应改为“国之西北，去千二百余里”，庶与实际距离之里数差合也。

① 暹罗普通地图附表：大城距清迈七百十四公里，清迈至上水九公里，共七百二十三公里。《郑和通使暹罗考》：“清迈离大城过远，计六〇九公里，等于近二千里。”距离之公里数及折算数，疑均有误。但大城至清迈之途径非一，若干地图附表之数字有九三七公里、八八六公里，七一四公里等之不同。今以最短之七一四公里计算。（铁路线曼谷至大城七二公里，大城至清迈线六七九公里，共七五一公里。）

避难于猛海的一位缅甸爱国高僧

这一位缅甸的爱国高僧，名珙琫敏萨，自言为缅甸王子，一般人称之为缅甸和尚。身躯矮小臞瘦，肤色栗褐，狭面广额而隆准，神全气足，两目尤炯炯摄人魂魄。于民国八年，即缅甸被英灭亡后的第三十四年，以无数次的反英复国运动失败，且年事已高，乃辗转避难至猛海[①]，由猛海殷商张棠阶先生的缅甸太太，于其后院，别营一庵以居。其卧处满铺鹅卵石子，即以鹅卵石作卧榻。和尚除随身书籍佛像印信及袈裟一袭并一钵一杖而外，别无长物。无间寒暑，寝即和袈裟卧于鹅卵石上。不藉不被，不枕不帐。猛海冬令气温，有时降达冰点；而夏秋蚊蚋尤盛。有愍其或冒寒染疟致疾而布施以被褥枕帐者，和尚皆坚辞不受。言："不得复国，不覆被藉褥。"亦犹勾践卧薪尝胆之意。每日中食一次，过午不食，不病不药，数十年如一日。和尚精于巴利语文，佛学湛深，道行高洁，尤念念不忘其故国之规复。亦兼治英、日文字，为言：有亲族散居英、日两国，仍音间时通，共谋所以复国之道云。平日跏趺静坐，或讽诵佛经，或摩挲石子，卧榻之石，均摩挲得油润光泽，几可鉴人，间为人禳解治病，但咒而不药，往往有奇效。边地傣人，崇奉备至。近之者，以获亲手摸其脚掌，然后加手于自己之头顶为荣幸。尊称之为"诏翁"。徐为光任普洱道尹时，慕其名，舆迎至普洱道尹公署供养，礼之甚虔。其后，徐为光以

① 猛海时为普思治边行政第三区分局治所，十八年以其地改置佛海县，辖猛海、猛滗、猛板及猛景洛四猛。近改为勐海县、并将南峤、宁江裁并入之。

思普区称兵独立，肇乱边疆，兵连祸结，生灵涂炭，珙琫敏萨乃辞归猛海。后于民国三十四年小历九月黑分初三日（乙酉六月十九日）圆寂，寿一百一十五岁，葬景买村外张棠阶先生之墓园。遗有锡质孔雀印一枚，圆形，径约二英寸，中镌孔雀开屏图。四围镌缅甸文，即缅王子印云[①]。再三年（西元一九四八年），缅甸方脱离英国之统治而获得独立，惜珙琫敏萨已不获亲见。和尚生前禁人为之拍照。无遗像留传。

张棠阶先生的缅甸太太见告：珙琫敏萨确系缅甸王子，其父王㴔语称为“困糯慷孟董”。孟董似即缅王曼同之异译。按曼同于西元一八五三年继其兄浦甘曼为王，在位二十六年而卒，年六十四岁。其生年为西元一八二二年。民国十四年（西元一九二五年），余晤珙琫敏萨于猛海时，承告其年为九十五岁，推得其生年为西元一八三〇年，仅小于曼同八岁，不可能为曼同王之子。且曼同王之子女七十人，于曼同幼子锡袍继位后，已循缅王室恶例，概被屠杀。据外籍记载，曼同诸子中，仅让延、让乌二人，以逃入英国使馆获免。让延于英灭缅甸之前六个月即已亡故，和尚所言散居英、日者，不知是否有让乌在内，抑别有所指。和尚平素仇英，似亦不可能即为当日投庇于英使馆之一之让乌其人。疑和尚为曼同王之兄浦甘曼王之子，而非曼同王之子。否则其于民国十四年所告之年龄，至少当有十年左右之差误，而其寿数亦当减为一百零五岁左右，二者必有一误。但张棠阶先生的缅甸太太坚称其确有一百一十五岁。惜和尚生时，未及一详询之也。

和尚不得复国，不褥不被，无间寒暑，仅袈裟一袭，寝卧鹅卵石上之苦行，给予滇南边地居民之印象，异常深刻。

载一九七二年十二月出版之《云南文献》第二期

① 余曾拓印保存边地，当已付劫灰矣。

寮国王室出自车里

寮国的古代历史传说中，都说寮族是由一个共同的祖先坤波隆（Khoun Borom）传衍下来的，而坤波隆乃是在中国的傣族地区的傣王室的后裔。[①]

坤波隆把他的王国分封给他的七个儿子治理。现在的寮国，古代称为南掌（Lan-Xang）。[②]这一个王国，就是坤波隆的长子坤罗（Khounlo）的封地。[③]其他六个儿子的名字和封地，传说不一[④]。

根据传说，寮国最初的名称是猛景东景通（Muong Xieng-Dong-Xieng-Thong），[⑤]继又改称猛要（Muongswa），[⑥]后来才称南掌。历代以

---

①《寮华日报》特译《寮国种族历史讲话》（后简称讲话）中，坤波隆作坤宝龙。琼赛及西拉·维拉冯的《老挝史》均作坤博隆，并附会为非泰族的南诏王皮逻阁。蔡文欉的《澜沧王国是老挝唯一的古国吗？》作管包伦。申旭的《老挝史》作布库伦，并言来自越南奠边府之孟天。

②《皇越地舆志》："以地多产象，国号万象。"按 Lan 之训为百万，Xang 之训为象，意为百万象。音译有南掌、缆章、揽章、兰章及兰掌等。自清以来作南掌。近时学者，或以澜沧江经其境，改译为澜沧国。

③ 琼赛的《老挝史》译为坤洛，并比附为南诏王皮逻阁之子阁罗凤。申旭的《老挝史》作昆罗，辖勐骚，亦作孟骚（今琅勃拉邦）。按：老挝语作猛要（Muong Swa），不作猛骚（Muong Sao）。

④ 坤波隆七子，除长子坤罗外，其他六子的名字及封地，《讲话》不详。琼赛的《老挝史》列举四人的名字及封地。西拉·维拉冯及申旭的《老挝史》，均各列举有六人的名字及封地，但互异。

⑤ 亦作猛景东景铜，讲话作猛川东川塘。

⑥《讲话》作猛沙。申旭《老挝史》作勐骚及孟骚。笔者在永珍时，曾询诸寮人，均言猛要；其人自称曰要老挝（Sua Lao-Joa）。老挝为其人之自称，要为国名，意即要国之老挝人。

来，都由寮王统治，直至西元一八九三年，成为法国的保护国，归法属印度支那政府管辖。一九四九年，始脱离法国的管辖，获得独立。

坤罗和他的六个弟弟一样，他的王位，都由于他们各人的积功而后获致的。但他的六个弟弟的名字和封地，传说不一。[①] 至于坤波隆，据说：确是来自中国傣族地区的一位傣族王子。由下面坤波隆对他的儿子们的一篇训词，可以证明：

> 你们应遵照我的指示，前往占领别的国家，你们每一个人，应该组成一个相当大的王国，那是归你们所应得的。但是你们不能互相侵犯，各人有各人的领域，父业子承。世代相传。你们应该互相往来。你们谁个听我的话，谁有幸福与繁盛。谁个不听我的话，将有灾祸。尊重诚实，不可向别人挑衅，勿饮酒，勿抽烟，因为烟酒能麻醉你们的智慧。经常通知你们的人民，及时耕作。此种忠告，我传给你们，那是像你们的祖父在天朝（按指中国）所传给我的一样。[②]

根据寮王室始祖坤波隆这篇训词，寮国王室出自中国傣族地区的一个傣王室，是无可置疑的了。但中国傣族地区甚广，各自称王，[③] 而由各个朝代政府授予名誉职，如：总管、指挥、宣慰、宣抚及安抚等衔以羁縻的土长亦甚多。究竟是哪一个傣族地区的傣王室，惜坤波隆未加说明，也未说出其父王的名字以凭稽考。中国傣族地区傣族王室亦即土司家乘及其所辖土邦的史事中，提到分封到寮国（即猛老）为王的，现仅发现有十二世纪末，立国于今西双版纳的泐国

① 坤波隆七子，除长子坤罗外，其他六子的名字及封地，《讲话》不详。琼赛的《老挝史》列举四人的名字及封地。西拉·维拉冯及申旭的《老挝史》，均各列举有六人的名字及封地，但互异。

② 见《讲话》。

③ 滇境傣族土司，对其臣民大都自称为“孤”。其臣民则尊称之为“诏”。车里宣慰使称诏片领，意为广大领土之王。“孤”及“诏”，即汉语之王及主。滇境土司之姓“刀”及“陶”者，即傣语“Dao”之译音字，其训为“王”“君王”及“国王”。

（Meengle），傣泐语曰猛泐。并且猛泐与猛老（Meeng Lao 即寮国）境土相接，彼此姻好。[①]

根据《泐史》猛泐主叭真封其第三子匍钪冷[②]食采于猛老之记载，可以和坤波隆的训词互相印证，坤波隆是由猛泐王室分封出去的，应无疑问。惟坤波隆的名字和匍钪冷的名字不相同，抑匍钪冷往食采于猛老之后，改称坤波隆？[③]训词中也未说明其前往为主于寮国的年代。

据友人蔡文星编著的《暹语细究》第二章第一节说："泰族侵入真腊之国土后，于佛历一四〇〇年（西元八五七年），泰酋坤波隆建孟枋。"[④]英人吴迪（W. A. R. Wood）《暹罗史》四七页说："此人即婆罗门皇子（Prohm）是也。据称皇子乃景线皇室之子孙，建治于孟枋（Muang Fang），时当西元八五七年顷。"又四八页说："此外，与之同时之另一泰族国家，或系建立于孟骚（Muang Sao）者，即今之朗勃剌邦也。"[⑤]

从坤罗至法昂于西元一三五三年，被立为王这一段寮国史事，极为模糊，仅有三四位国王的名字，即法昂王的曾祖怕雅朗（Phaya

① 成书于明万历年间的《广志绎》曰："车里老挝姻好。"《泐史》下卷："小历九五六年（明万历二十二年，西元一五九四年）宣慰使刀应猛，嫁其女于南掌酋为妃。"

② 亦作匍伊钪冷，见《泐史》上卷二页。《普洱府志》作依罕冷。

③ 傣族大都仅有名而无姓氏。其名且随时代更易。有幼年时代之名，为僧时代之名，还俗时代之名，有子女时代之名，为官则用官称而不名，亦即以官为氏。坤波隆，疑即匍伊钪冷往食采于猛老后之官称。坤之训为首领、头目，统治者。

④ 民国三十七年，曼谷亚细亚文化学会印行之《暹语细究》中，建孟枋之泰酋坤波隆，与寮国始祖坤波隆，名字完全相同。寮国始祖坤波隆，寮史明言来自中国傣族地区的傣王室，而中国傣族地区西双版纳的傣王室，亦有分封王子前往食采于寮国的记载，两相符合。建孟枋之泰酋坤波隆来自何地？与寮国始祖之坤波隆是一人还是二人？尚得作进一步考究也。

⑤ 一九八八年商务版吴迪《暹罗史》四七页中所说，西元八五七年顷，建治于孟枋的婆罗门皇子，乃景线王之子孙。参照《暹语细究》第二章第一节，应即指于佛历一四〇〇年（西元八五七年），建孟枋之泰酋坤波隆。又《暹罗史》四八页："与之同时之另一泰族国家，或系建立于孟骚者，即今之朗勃剌邦也。"其人即坤波隆之子坤罗。根据坤波隆之训词，坤波隆并不是景线王室之子孙。也不如申旭《老挝史》一一五页中所言，其祖先来自越南奠边府之猛天，而是来自西双版纳。

Lang)，祖父怕雅慷捧（Phaya Kham Phong），亦作怕雅苏挽纳慷捧（Phaya Souvanna Kham Phong），父刀斐法（Thao Phifa）可考。若干记载，均认为法昂王之前，共有二十二位国王，一说有二十一位。[1]

猛泐主叭真封其第二子匋钪冷往食采于猛老之年代，据《泐史》，当在其建都于景兰（西元一一九〇年）之后，逝世（西元一一九二年）之前，兹假定为一一九一年。《暹语细究》及吴迪之《暹罗史》，均著录坤波隆于西元八五七年建孟枋。同时另一泰族国家，或系建立于孟骚者，当指坤波隆之子坤罗，均远在匋钪冷受封食采于猛老之前三百三十余年，不能吻合。按九世纪之六十年代，正值真腊吴哥王朝的极盛时期，其北境与南诏接壤，老挝地区一带，不可能有由泰族建立的国家猛要或孟骚出现。寮国种族历史讲话、可能循泰国古代史，由于受到早期西方汉学家，认为南诏是泰族建立的国家之说所误导，不免牵强附会，而将老挝在寮境建立国家的时期，上推三百多年，拿坤波隆来比附根本不是泰族的南诏王皮逻阁，拿坤罗来比附皮逻阁的儿子阁逻凤也。

①《讲话》中的化岸王即法昂；菲化化即法昂之父刀斐法；费堪丰即法昂之祖父帕雅慷捧；费澜即法昂曾祖帕雅朗，亦作帕雅法朗。帕雅朗以上则模糊不详。琼赛的《老挝史》七〇页，列有法昂之前二十一个国王的名单，兹从略。

南诏南的女王国在车里

车里县城西约十五市里之戛董，有一河曰湳戏，译言阴水。发源于戛董西北二十余市里之贺猛。有两源：一源于贺猛之北；一源于贺猛之西北，汇流于贺猛之南，东南流至戛董，注入流沙河。土人相传，十二版纳，古为女人国。据泐文载籍载称：远在宋淳熙七年，叭真入主十二版纳，建立泐国以前的一段时间，十二版纳的居民，全属女人，王亦女王，没有男子。贺猛山中，忽有岩石突出如阳物，于是十二版纳的女子，遂群就石阳交接（一传与神犬交，故傣泐族禁止杀犬），其后乃有男子。淫水下流，汇而成河，乃名湳戏。土人有歌曰："卤卤花，父石阳"，即歌咏此故事云。

《蛮书》卷十："女王国去蛮界镇南节度三十余日程，其国去驩州一十日程，往往与驩州百姓交易。"唐崔致远《补安南录异图记》："安南之为府也，巡属一十二郡，羁縻五十八州……陆之西北，则接女国乌蛮之路。"《新唐书·南诏传》："蒙舍诏在诸部南，故称南诏。居永昌姚州之间，铁桥之南。东距爨，南属交阯，西摩伽陀，西北与吐蕃接，南女王。"法人马司帛洛在《宋初越南半岛诸国考》中，考订南诏盛时之南境为威远赕南界诸山，认为应求其地于普洱或思茅两地之中。但据《天下郡国利病书》："兀良合伐交趾，经车里降之。至元中，置总管府，领六甸。其地东至落恐蛮，南至波勒蛮，西至八百媳妇，北至元江府，西北通孟连。由镇沅南行二日入其界，又二日至普洱，又六日至九龙江外之宣慰司。"据此，则蛮镇南与女国交界之山，在普洱与镇沅之间，即普洱北上二日行程，镇沅南下二日行程之地，约当北回归线一带，而不在普洱与思茅之间。威远境外则为十二版纳，而十二版纳适位于南诏之直南，安南府之西北。《蛮书》及《新唐书》所载南诏南之女王国及《补安南录异图记》所载安南府西北之女国，当指十二版纳为无疑。是则其先为女人国之说为不虚矣。

古代的十二版纳，曾有过辉煌的成就，惜自明季以来，不断遭受缅甸、木邦、八百及暹罗的侵扰，焚杀掳掠，残破不堪，迄至民国，式微未复。泐文载籍，颇多散失，群尽之记载，一时未能获得。《泐史》始于宋淳熙七年（西元一一八〇年），淳熙七年以前的文献，多不记年，唐咸通四年（西元八六三年），樊绰在《蛮书》卷十谓："水真腊国，陆真腊国，与蛮镇相接。"彼时或较前之十二版纳，或曾被毁于真腊，极多数男儿转死征战，残余男性，被俘一空，造成男性极度缺乏之现象，因而产生若干不近情之传说，惟女王国去蛮界镇南节度三十余日程一节，向达在《蛮书校注》中，考证镇南节度是今之景东，核以今日车里至景东之途程，不过十八九日，与三十余日程，差距十余日。古代车里至景东之交通路径，可能和今日不尽相同。今车里至思茅捷径中之四十八道河一带，向为象犀虎豹聚集之渊薮。

民国十二年冬，余由思茅前往车里，行至关坪与四十八道河之间，通路被野象粪便所掩蔽，粪堆七八寸，下脚不得。同时沿途两旁大树，也被野象拉倒，群食其叶，大树枝干，壅塞通道，无法通过。花费许多时间，踩山钻行密林丛莽绕行而过。翌年春，附近猎户，在该地猎获幼犀二条，得犀角二，售予在小猛养经商之潘作民君，潘君以一角相赠，始知四十八道河一带，除野象外，并有犀牛生存其间，但嗣后即不再闻有犀牛在其地出现。至于野象群，则至今犹不时有旅人相遇也。古代象犀虎豹，想必甚夥，故行旅大都别途以避。或由车里西北行至猛往，再东北折经六顺而至思茅，或东行至易武，再西北折经倚邦、猛旺、黄草坝而至思茅，然后由思茅至普洱府。所以清《文献通考》卷二百八十九《舆地二十一》，有"车里宣慰司在府南七百四十五里"之记载。较近今快捷方式之四百四十里，计增五六日之行程三百零五里。今由普洱至景东之捷径为六百二十里，约十至十一日程，在南诏时期，普洱、景谷间，景谷、镇沅间，镇沅、景东间，亦可能有象犀虎豹，密林丛莽为阻，须绕道增五、六日或六、七日不等之情形，合计所增日数，便与三十余日程为接近也。

古时车里疆域，远较现境为广阔，东与交阯接界，且传统治过交阯，[1] 南至波勒蛮界，[2] 西至南孔 [3] 与八百媳妇接界。与交阯接壤及统治交阯时，去驩州自近。《蛮书》著录一十日程，大致不差。惟自明万历间，车里宣慰使嫁其女于南掌王，以猛约、猛奔等地陪嫁，为其女之妆奁邑后，仅猛乌尚与越南毗连。《泐史》下卷《关隘守卫章》载称："猛乌与交阯交界，逻阁坳带兵一百名……驻守于邦堆隘。"清光绪二十一年七月十九日，将猛乌、乌得割属法领越南后，车里十二版纳与交阯才完全隔绝，距离驩州不止一十日程矣。

柬埔寨在一世纪时代 [4]，八百媳妇在七世纪及十六世纪时代 [5]，南掌在十五世纪时代 [6]，均曾出现过女王，但与九世纪《蛮书》写成时代之女王国显有不同。向达氏疑古之女王国，为后来之八百媳妇国，但八百媳妇北阻十二版纳，并未与镇南蛮相连接；东隔南掌，去驩州之路程遥远，均有不合。

此外，我国史乘中，尚有《梁书·东夷传》《南史·扶桑国传》所载，扶桑沙门慧深所言：在扶桑东千里之女国。《后汉书》北沃沮

---

①《泐史》上卷一页。

② 波勒，疑为今泰北帕府（Phrae）。《庸那迦纪年》作帕列城（原注称：即帕城，按即帕府），泐语猛别。

③ 即萨尔温江，亦即怒江。当时江东属车里，江西属八百媳妇。

④ 柬埔寨，应即《后汉书》卷八十六，肃宗元和元年（西元八四年）献生犀白雉之究不事，三国时称扶南。在一世纪的下半叶，为女王柳叶（亦作叶柳）当政。混填（亦作混溃）入侵，降为混填妻室，遂结束女王之统治，进入混填王朝。

⑤ 八百媳妇国，都于哈里奔猜时的章黛维女王，是在七世纪之六六三年至六六九年时代。都于清迈时的拉查黛维（亦作维素蒂黛维）女王，是在十六世纪之一五六四至一五七八年时代。

⑥ 南掌之娇玟芬女王，是在十五世纪之一四四〇年代，均不在八世纪中，樊绰在《蛮书》卷十所言之时代。

人言：海东有女国，无男人，或传其国有神井，窥之辄生子之女国；及《三才图会》所载：在东南海上，无男，照井而生子之女人国；以及《梁四公记》杰公所说：在中国西北之女国。① 据近人考证：慧深所言在扶桑东千里之女国，“二三月竞入水则妊娠。六七月产子”之说观之，认为须离去人类学及人种学而进入动物学中。盖有海狗之属，如膃肭兽（一名海狮），亦专以海带为食，亦即慧深所说，食咸草如禽兽者也。《通考》卷三二七沃沮条：“王颀别遣追讨官尽其东界，问其耆老，海东复有人不？耆老言：有一国亦在海中，纯女无男。”《后汉书》及《三才图会》所言之女国及女人国，均有窥井生子之说，似指同一地点。而其地应为西元七〇一年，曾发生最大一次火山大爆裂之岛原半岛之温泉岳，亦即《隋书·东夷传》所载，其石无故火起接天之阿苏山；或为妇女置履海边，履踵向海，设有航海人着履者，即为此履妇女之夫之故事产生之八丈岛。至慧深所言在扶桑东千里之女国，其地若不在罗处和岛，即在千岛偏南之一岛。惟所谓女人，均认为身体丰肥光滑如脂，头小腋翅等节，明系海狗之类而非人。杰公所说在中国西北之女国，其说多神话，当时朝臣皆认为是邹衍九州，王嘉拾遗之谈。

南诏南之女王国及《补安南录异图记》所言安南西北之女国，则与十二版纳泐文载籍所志相符合。再则用以制药箭的弩箭药树，车里澜沧江两岸随在皆有，取其浆涂箭镞，中人必死。当地人，大都用以装置地弩，射杀虎豹。有警，则用以御敌。《蛮书》所言“蛮贼曾将二万人伐其国，被女王药箭射之，十不存一，蛮贼乃回”之药箭即此。亦足以为佐证。“卤卤花，父石阳”，虽故神其说，然亦不无可以推原之处。而其地则非车里十二版纳莫属也。

①《古今图书集·成边裔典》第四十一卷第二十二册之二三叶。

刀衎俸多四姓寻源

明兵部尚书王骥三征麓川之事功，滇西一带，至今犹流传不衰。据传王骥三征麓川之后，以边人累叛，特赐降夷以刀、砍、斧、剁四姓以厌之。后夷人读汉书，除刀氏未改外，砍氏改为衎氏或罕氏，斧氏改为奉氏或俸氏，剁氏改为多氏云。今滇西干崖、南甸、盏达、孟连等宣抚使均仍刀姓；猛卯安抚使为衎姓；耿马宣抚使、孟定土知府、猛角董土千总及划属缅甸之木邦宣慰使，均为罕姓；旧大侯州土知州及猛缅长官司长官均奉姓；大猛麻土巡检为俸姓[1]；陇川宣抚使，遮放宣抚副使，均为多姓。

明杨慎《希姓录》曰："怕，南中夷姓，王骥征麓川，赐降夷三姓曰：怕、刀、剁。"于刀氏曰："王骥平麓川，赐夷人以怕、刀、剁三姓。后染华风，改为刁氏。"《姓氏考略》："云南夷亦有多姓，系剁氏改。"今滇西所传有关刀、衎（或罕）、俸（或奉）、多四姓，赐自王骥而有所更改之说、盖出于希姓录，从而又有所损益也。清曹树翘《滇南杂志》曰："夷酋姓曰刀、曰罕、曰曩者居多。闻明初平诸蛮，以其反复，赐以刀、曩、斧、砍四姓。今砍作罕或衎、斧姓无传。"与近今滇西所流传者，又略有不同。

《明史》卷三百十四《麓川传》：洪武十七年（西元一三八四

① 按猛麻原亦奉姓，观《明史·云南土司传》：猛麻奉恭与大侯奉先争杀之记载可知。清刘靖《顺宁杂著》曰：顺宁属向有三土司：一为大侯州土知州，一为猛缅宣慰司，一为猛麻土巡检，皆奉姓也。

年）八月，“伦发遣刀令孟献方物”。王骥征麓川始于正统六年（西元一四四一年），后于刀令孟献方物五十七年。在王骥征麓川以前，滇西南土官蛮长以刀、曩、罕、奉及多为姓之见于史志者，随在皆是。即以明初而论，见于《明史·云南土司传》者：洪武十五年，有车里蛮长刀坎，镇沅土官刀平。十七年，有麓川贡使刀令孟。二十四年，有八百土官刀板冕。建文四年，有威远知州刀算党，孟定土酋刀名扛，知府刀浑立，木邦知府罕的法。永乐元年，有孟养知府刀木旦，老挝土官刀线歹，湾甸知州刀景发。三年，有孟艮知府刀哀，干崖长官曩欢。四年，有孟琏长官刀派送。六年，有里麻长官刀思放。七年，有镇康知州曩光。九年，有瓦甸土官刀怕赖，潞江长官曩璧。十八年，有者乐甸长官刀谈。宣德五年，大侯州土舍有奉赦及奉学。六年，有孟定知府罕颜法。八年，新化州有刀瓮及刀眷。正统二年，有南甸知州刀贡罕。见于其他志乘者：有洪武十七年归附之麓川平缅多歪闷等。不胜枚举。

其实，滇边土司以怕、刀、罕、多为姓之见于史志者，尚可上推至明以前。《元史》卷二十九《泰定帝本纪一》：“泰定元年（西元一三二四年）冬十月己巳，云南车里蛮为寇，遣斡耳朵奉诏招谕之，其酋塞赛[①]子尼而雁，构木子刁零出降。”刁零即刀零[②]。刀姓见于史志，先于王骥始征麓川凡一百一十七年，《新元史》卷二百四十八《车里传》“延祐三年（西元一三一六年），罕旺及其弟胡念弟爱俄等，侵银沙罗甸、兀里盐井、陪日（《招捕总录》作部日）、女具、落索等甸，取官所，征差发。既而爱俄死，其兄弟子侄罕塞、昭爱、剌构、木力、

---

①《元史·顺帝纪》、《新元史·泰定帝纪》及《云南溪洞诸蛮传》以及《招捕总录》，均作寒赛。塞字刊误，应以寒为正。寒即罕、衎、钪之异译。

②《元史·顺帝纪》及《新元史·云南溪洞诸蛮传》以及《招捕总录》等。均作刀零。以傣泐文对勘，当以刀为正。旧时治边裔史者，似未及探讨边疆民族之语文，以刀姓罕觏。臆改为刁。且今亦不乏其例。其实滇境傣族土司，无姓刁者。由傣文 Daur 音译之刀字，含有领袖、首长、王、国王及头目等义，为任土司者所乐于接受。刁则无此类含义也。

梦兀仲等五人[①]，分党争爱俄位，相杀久之”之罕旺及罕塞，先于王骥始征麓川凡一百二十五年。又《乌撒乌蒙东川芒部传》：“大德五年（西元一三〇一年），车里白衣八里日等，杀掠普腾、江尾二甸。”白衣即摆夷，八里日即叭里日。八即叭，亦即怕之异译，先于王骥始征麓川凡一百四十年。多姓尤早，今陇川宣抚使多永安，其先多线瓜，于宋理宗景定间（元中统初，约当西元一二六〇——一二六一年）附于元，元以为宣抚使，先于王骥始征麓川凡一百八十年。曩、奉两姓，亦均出现于王骥始征麓川之前。

麓川一带，古代当为傣㚘部族聚居之重要地区。吾人由滇境土司自元以来，半汉化之姓名中，不难推知其土司之族属。怕、刀、罕（或衎）、奉（或俸）、多各姓土司，应均属于傣人之部族。因为在傣人语文中，对怕、刀、罕、奉、多五姓，均不难求得其适当之解释，以及其演变为姓氏之根源；而在其他部族语言中，则不得其解释也。

怕姓：现滇境土司中，虽已不见有以怕为姓者，但仍不难于今昔若干土司之半汉化姓名中，得其痕迹。如干崖宣抚副使中，以怕为名者：《明史》有刀怕便、刀怕落、刀怕举等；车里宣慰使中，有明永乐十一年，被推署司事之刀怕汉；孟琏土司中，以派入名者，《明史》有刀派送、刀派罕、刀派乐；《清史》有刀派鼎、刀派春、刀派新；民国有刀派鸿等。派亦即怕之异译。滇南十二版纳，清、民以来，通常译用叭字，叭别读为 Pea。如猛阿土把总叭占，猛笼土把总土把总叭先等。元时译用八字。《明史·老挝传》中作怕雅，有怕雅赛、怕雅兰章等，亦即旅泰侨胞所译丕耶或披耶（Praya）二字之合音，为

① 古代书籍，向鲜断句，标点更谈不上。遇有四五个非汉族人名连串在一起，便不易分别开来。如“其兄弟子侄罕塞昭爱剌构木力梦兀仲等五人”一句，《新元史·车里传》此段，当引自《招捕总录》。依据《招捕总录》卷首序文“……个忙尼雁，莽占居些，谷纳剌构，阿葵胡弄……若大希婆，若梦兀仲，若浑乞滥……”等来分，则剌构为一人，梦兀仲为一人。剌构与梦兀仲之间的木力为一人，其上罕塞、昭爱为二人，共五人。但紧接序文后之云南段最末两句曰：“车里寒赛（即罕塞）子尼雁（即尼雁），构木（即构木）子刀零出降。”则构木为一人，而剌字上属。此五人之名，变为罕塞、昭爱剌，构木、力、梦兀仲等。对古籍之断句，亦不易易也。

一种爵位之名称，约等于我国古代之伯爵（十二版纳）或侯爵（泰国）。亦作官称。怕或派或叭或八，可以说是以爵为氏，以官为氏。

刀姓：傣泐语谓领袖、首长，头目曰“Daur”，汉译作刀或陶①。此训为首长头目之“Daur”，大都冠于爵位官称之前，遂演化而为刀姓或陶姓。刀派、刀怕即“Daur、Pea”之译音，地位较叭为尊，亦为以官为氏。

罕姓及衎姓：傣族喜以金银珠宝等为名。土司衙门，亦喜加一金字，而称为“货钪”（Huo-Gham）。货训衙门或宫殿，钪训为金，意为金殿。猛卯土司衎氏之“衎”，疑即源自傣族语之“钪”（Gham）一语词。钪、罕、衎及寒，一音之转，盖以五行为氏，以宝为氏。猛卯土司衎氏，旧报为南京人，据《续云南通志稿》卷九十八猛卯安抚司条记载其世系称：“一世思化、猛密头目，授蛮暮宣抚司。二世思正，与缅相抗，为缅破杀。时思正弟年七岁，舍目负逃腾越，沐国公取养，七年，改姓名衎忠，仍袭前职。以蛮暮为缅所踞，安插于猛卯。”据此，则“衎”氏来自猛密，南京乃依托也。

奉姓或俸姓：大侯州土知州及猛缅长官司长官奉氏，大猛麻土巡检俸氏之奉或俸，傣语均读为“Feeng”。其训为茂盛、繁荣及发展，意取吉祥，盖以吉祥为氏。

多姓：滇南之车里宣慰使，其人民尊称之曰嵩烈叭宾诏。滇西及缅境方面之傣族土司，其人民则尊称之曰剁宾诏。嵩烈译言至尊，叭之训已见前，剁之义与刀同，或即为一音之转。其训为国王、领袖、首长及头目，亦含有至尊之义。演化为姓氏之初，译者即译用多字，如宋末元初之多线瓜。其后译人，或为对音正确起见，借用剁字，终以剁字不雅训，不为土司家族所乐用，改回为多，盖以官为氏也。又傣语谓狮曰星多。狮为百兽之王，陇川、遮放两土司以多为氏，干崖宣抚使刀威伯（承钺）言即取狮为百兽王之意，表示威慑百蛮，威尊

①《招捕总录》及《新元史·云南溪洞诸蛮传》“车里陶剌孟”，亦即车里刀剌孟之异译。今建水阿邦土司及景东保甸土司均陶姓，汉傣人。

无上云云。按傣文星多二字，一半系外来语，星即外来语狮之音译。星加坡之星，亦训为狮，言星即不啻言狮。可以单用，其义不变。多之训为大为巨，并无狮字之义。单言多，不知其言狮也。亦犹汉文大狮二字：单言狮，则狮之概念已经完备；单言大或巨，则并无狮之概念，不能代表狮子。因大字或巨字，并无狮字之含义也。说者以多氏取自狮为百兽王之说，殊慊牵强，仍应以源自其训为国王、领袖、首长之剁为顺。且宋元之际之多线瓜，一开始即译用多字。继或译为剁，至有不近情之附会，而又改回为多。

总查怕、刀、罕、衎、奉、傣及多各姓，均音译自傣语。或以爵为氏，或以官为氏，或以五行、宝贝、吉祥为氏，且均出现在王骥征麓川以前。《希性录》及《滇南杂志》所言，以及滇西民间普遍之所传说，皆附会不经，不足采信。

各主要部族移民十二版纳之先后

十二版纳几个主要部族聚居地区之海拔高度，有显然的不同。就实际调查所得，以苗傜两部族聚居的地区为最高，阿卡、攸乐、倮黑等部族聚居的地区次之，蒲蛮部族聚居的地区又次之，而以僰泐部族聚居的地区最为低下。

蒲蛮传说：五千年前，其始祖法空弄哦即定居是邦。据僰泐文文献载称：其始祖叭真于小历五四二年庚子（宋淳熙七年，西元一一八〇年），始入主猛泐（即十二版纳）。并言其政权得自阿卡部族之手，来自车里东北方之贵州（宋之贵州怀泽郡，今广西贵县）之猛泐竜，故名车里——十二版纳曰猛泐，以志不忘所自。吾人根据各部族聚居地区的高低，蒲蛮族的传说及僰泐文文献的记载，略得如次之推断：

一、僰泐部族应为最后侵入者，击败南诏在十二版纳之统治，尽驱南诏遗民于崇山峻岭之间，建立一个以僰泐部族为主体的政权以迄设流。所有十二版纳肥沃之河谷平原，水田丰富区域，遂均为僰泐部族所据有及使用。

二、略高于河谷平原的丘陵地带，低矮山区，则为蒲蛮部族所居住及使用。蒲蛮当如其所传说，为最先之住民。南诏崛起后，属于南诏族系的阿卡部族，遂侵据十二版纳。真腊遗民的蒲蛮，因真腊世衰，被迫退居于丘陵地带及低矮山区，将水田丰富而肥沃的河谷平原，让予阿卡。

三、傣泐部族，由其民族领袖叭真领导，击败南诏族系之阿卡部族在十二版纳的统治，尽据水田丰富而肥沃的河谷平原，其丘陵地带及低矮山区，则已被蒲蛮部族所占用，垦殖在先。南诏族系之阿卡、攸乐等部族，被击败之后，不得不退居高山地区，以垦殖畲地为生。

四、苗傜部族最后移入，水田丰当而肥沃之河谷平原，全为统治阶级之傣泐部族所占用，自不待言。略高于平原之丘陵地带暨低矮山区，又为蒲蛮部族占用在先，即高山地区，亦被阿卡、攸乐、倮黑等部族所垦殖，乃不得不卜居于拔海最高而苦寒的崇山峻岭。因而形成苗傜部族居地最高，阿卡、攸乐、倮黑等部族居地次之，蒲蛮部族居地又次之，而以傣泐部族聚居的地区最为低下之不同之层次。

傣泐语称河谷平原之盆地为坝，汉人通称为坝子。十二版纳大小坝子四十余，其海拔高度，有高达一三四〇公尺者，如六顺县之龙塘坝（六顺土把总司治所在），有低至五〇〇公尺者，如车里县之橄榄坝（橄榄坝土把总司治所在）。原居之傣泐部族，其居地之高低，每随所居之河谷平原之海拔高低之不同而互异。有居于海拔一三四〇公尺高的河谷平原者，也有居于海拔五〇〇公尺或更低之河谷平原者。南峤县治所在之猛遮坝子（海拔一二八三公尺）当中之景峤山顶，海拔一三七八公尺，亦为傣族所聚居，此当为十二版纳傣泐部族聚居地之最高者。德人克勒纳教授（Dr.Phil Wilhelm Credner），认为云南境内之泰族（即傣族），皆居于拔海不逾八百公尺的热带性气候之深谷中，此乃未广为实地踏勘考察之故。居住于每一个坝子四周丘陵及山岳地带的各山居部族，其所居之高度，亦因各个坝子的海拔高度之不同而有很大之差距。吾人以每一河谷平原及其四周之丘陵以及山岳地带为一单元来观察，傣泐部族始终是聚居在最低下之地区，依次而上为蒲蛮及卡摩部族。居于八五〇公尺至一三五〇公尺之丘陵及低矮山地，再上为攸乐，居于一三〇〇公尺至一五〇〇公尺之山地，倮黑及阿卡部族，居于一三五〇公尺至一九七三公尺之高山地区，最高为苗傜两部族，大都居于一五〇〇公尺至二〇〇〇公尺上下之高寒山地。

和族与云南人

滇南之傣泐、缅甸之掸、泰北及寮北之佬等族人，通常称滇省曰“猛和”，时亦指称中国。呼云南人曰“昆和”，泰国人亦循此称谓，惟观念上则与傣泐之出于尊称者不同。旅泰侨胞通译作“荷”。按“和”，傣泐文中别训为“大”或“天”，乃昔时傣泐部族，用以尊称南诏者。而别称汉人曰“昆金”（泰国、寮国及柬埔寨亦均称汉人为“金”。徐松石在其所著《泰族僮族粤族考》中，引《华阳国志》曰：“晋时西南夷称中国为晋 CHIN。”傣、掸及佬等族之文化，渊源于印度佛教，受印度佛教文化之影响最深。“金”虽与“晋”同音，但遍查中华聚珍仿宋版《华阳国志》，未著此语，不详徐氏所据版本。按“金”之一名，应以源自印度古诗《摩诃婆罗》称中国为支那之转译，而随佛教东来为近。又滇西一带之傣叐[①]，称汉人曰“伽”CHYE，称中国曰“猛伽”，与滇南傣泐之称呼不同），明示南诏人与汉人有别。南诏王蒙氏，乃乌蛮之别种，今之罗罗、黎苏、窝泥、阿卡、倮黑、攸乐等，皆其族类。但傣泐文典籍中，又别称窝泥、阿卡为“戈”，倮黑为“母舍”，攸乐为“罗”。“和”似专指南诏王族言。滇西和姓，不知是否即南诏王族之后裔；抑尧时和仲、和叔，楚卞和或后魏素和氏之后，惜未能得其族谱以探讨其究竟也。

唐玄宗时，南诏主皮逻阁以破洱河蛮功，策授云南王。翌年，即

① 叐字，见镇安译语，亦作垄，读作 Nhe，上也，高也，北方也。滇西傣人，居车里之北，傣泐人因以傣叐称之。傣叐亦作傣那，但那字读音多，无上、高、北等义，借用叐字音义兼切。

开元二十七年（西元七四一年），建都于今大理县之太和城（今为太和村）。彼时傣泐族人，因而称太和城曰“永和”或“景和”，进而称南诏国曰“猛和”，称南诏国人曰“昆和”，乃极其自然之事。“和”之得名，当原于此。至于河蛮之“河”，虽与“和”为同音，但河蛮部族小弱，初被逐于南诏，北附浪诏；浪诏破败，复被徙于柘东，不足以为代表，傣泐部族不致尊称其为代表“大”或“天”之“和”也。

南诏子民，据《蛮书》所载：有西爨白蛮、东爨乌蛮、独锦蛮、弄栋蛮、青蛉蛮、裳人、长裈蛮、河蛮、施蛮、顺蛮、磨蛮、磨些蛮、扑子蛮、寻传蛮、裸形蛮、望苴子蛮、望蛮、黑齿蛮、金齿蛮、银齿蛮、绣脚蛮、绣面蛮、穿鼻蛮、长鬃蛮、栋峰蛮、茫蛮、栗粟两姓蛮、雷蛮、梦蛮、丰巴蛮、崇魔蛮、桃花人多种，虽亦同为南诏国人“昆和”，但泐文典籍，对这些部族，多数都另有专名。是“和”之一名，应即指南诏王族为无疑。今傣泐、掸及佬等族人，泛指滇之汉人为“和”，盖滇自庄蹻以兵威定属楚，继而以其众王滇以来，无代不有兵争，即无代不有上万以至数十万之中土人士，由士宦商贾，或从军流戍，移殖滇境。元灭大理，以逮明、清，均大用兵于云南，更有大规模之移殖。清初复厉行改流，于是原有土著，迅速濡染涵化为齐民。近今各县城市及重要乡镇居民，也无法办别汉土，亦不易辨别谁为南诏王族遗裔。所以傣人、掸及佬等族人，遂统以“和”称云南人，但与傣人古籍之所志，则有出入也。

车里命名新考

车里一名，始见于《史记·秦始皇本纪》：“毕公享国三十六年，葬车里北。”又“惠公享国十年，葬车里康景”。但此两公葬地之车里，应不离雍境，与滇南之车里，悬隔太远，当非一地。至于滇南之车里一名，则始见于元人之《招捕总录》[①]。凡十三见。除“泰定二年，开南州阿都剌火头大阿哀引车里陶剌孟等万余人围剌砦[②]，攻破十四处”一条作车理外，余均作车里。

《元史·世祖纪》作阇力；成宗、武宗、仁宗《纪》及《地理志》均作撤里；仁宗皇庆六年作阇里；泰定帝及顺帝《纪》则作车里；《步鲁答传》作车厘。

《新元史·成宗纪》及《地理志》均作撤里；仁宗、泰定帝、惠宗纪及车里传则均作车里；《步鲁合答传》作车厘。车，亦作撤，或作阇；里，亦作理，或作力，抑作厘及釐，所谓译音无正字也。明、清以来著作，大都作车里。

五十余年前，因车里一名在傣泐文中，找不到适当之诠释，询诸傣泐人士，亦不得其解，而元史蒙古人及色目人中，则不乏以撤里、阇里及车里为名者。《元史·步鲁合答传》：“至元二年，车里（步鲁合答之父）以老疾不任事，诸王阿只吉命步鲁合答代领其军。……二十一年（西元一二八四年），又从征八百媳妇国至车厘，车厘者，

① 据清金山钱熙祚锡之校《守山阁丛书》本。

②《元史》卷二十九《泰定帝本纪》：剌砦作朵剌，“丛书”本脱一朵字。

其酋长所居也，诸王阔阔命步鲁合答将游骑三百往招之降，不听，进兵攻之，都镇抚侯正死焉。步鲁合答毁其北门木，遂入其寨，其地悉平。”于是遂以车里一名，应为纪念对其地有直接或间接战功的蒙古人或色目人而得名。步鲁合答将游骑三百而下车里，为其父留一永久纪念，因而名十二版纳为车里，不无可能。同时车里一词，在蒙古语中有解释，其义为凝固或坚固，因而写成《车里命名考》，载民国三十一年（西元一九四二年）在重庆发行之《边疆通讯》三卷五期，然未敢为确论也。其后多年，反复研读《步鲁合答传》“又从征八百媳妇国至车厘，车厘者，其酋长所居也”数语，似乎车里一名，在蒙元游骑未侵入前，即已存在，也没有以步鲁合答之父名为名之记录，所以修《元史》之人，特写作车厘以为别，避免和步鲁合答之父名相混，显然车里一名和步鲁合答之父名无涉。

近承一位澳洲学者 Dr. Geoff Wade 博士惠寄阿萨姆历史暨古物研究系 Mrs. Ye Hom Buragohain 所著《苏卡帕国王和他的阿萨姆之旅手稿》的证据一文载称：“诏竜苏卡帕（Chao Lung Sukapha）[①]，是位于阿萨姆（Assam）巴玛埔剌（Brahmapputra）山谷之阿洪（Ahom）王国，即猛敦荪钪（Mong Dun Sunkham）和阿洪王朝的创始者。他原是猛卯竜（Mongmaolung）的国王，西元一二一五年（宋宁宗嘉定八年乙亥），离开卯竜向阿萨姆发展，征服一些地方部落，然后以查莱埵（Charaideo）为首都，在一个山坡地带建立了车竜车钪（Che Lung Che Kham）城，在此统治猛敦荪钪十六年而去世。”注言：“车之意义为城；竜之意义为大；钪之意义为金。”车竜车钪即伟大的金城之意，

① 诏竜苏卡帕原为滇西猛卯竜王，他即位为王的那年，从他父亲的国度猛卡猛雅，带走了所有士兵和追随者，带了三千个铜锅，每个锅子，足够三个人食用。还带了两头大象，三百匹马（一作三千匹），他征服了沿途的一些地方部落，在查莱埵建立首都，成立阿洪王国。傣阿洪语即滇西古代的傣㚢语。车里一名，在傣泐语中无解，而在阿洪语中有解释。小历六三七年（宋恭帝德祐元年，西元一二七五年），由车里出嗣于滇西猛琫为主的第五世猛泐主刀两竜的次子伊拉偲，曾由猛琫统率猛卯竜的兵众来攻夺车里，不胜而退。后因第六世猛泐主即其兄刀补瓦身故无嗣，车里官民又将伊拉偲迎回，继其兄为第七世猛泐主。古代猛泐和猛卯竜关系密切，车里一名，当出自傣㚢语，亦即猛卯竜语，而非蒙古语。

依阿洪傣语之解释，则车里一名，可译为美丽之城，或平安之城，亦可译为长安之城[1]。

①《辞源》："凡天子所都，亦称长安。李白《金陵诗》'晋朝南渡日，此地旧长安。'是也。"昔猛泐主定都景洪，或亦有长安之想；因有车里之名。而诏片领之尊称，亦隐有天子之义。

猛些及猛些竜得名之由来

在傣泐古文献中，大理的洱海，被称为浓些，泐文作ᩉ᩠ᨶᩬᨦᩈᩯ（Hnong，Sae）。浓ᩉ᩠ᨶᩬᨦ（Hnong）训为池、为湖；些ᩈᩯ（Sae）训为大、为少女。浓些之义为大湖、为少女湖，此当取大义。大理被称为猛些，因洱海而得名，泐文作ᨾᩮᩬᨦᩈᩯ（Meeng Sae），猛ᨾᩮᩬᨦ（Meeng）之训为城、为邑、为郡或国，猛些之义为大邑或大国[①]。

滇池之傣泐名称，亦沿自洱海，因滇池较洱海为广大，被称为些竜，全称为浓些竜，泐文作ᩉ᩠ᨶᩬᨦᩈᩯᩉᩖ᩠ᩅᨦ（Hnong–Sae Hlong），竜ᩉᩖ᩠ᩅᨦ（Hlong）训为大，浓些竜之义为广大之湖，昆明被称为猛些竜，因滇池而得名，泐文作ᨾᩮᩬᨦᩈᩯᩉᩖ᩠ᩅᨦ（Meeng–Sae Hlong），义为广大之城，城亦可易为邑，为郡与国。

傣泐文对于失败、失陷、丧失、失身、失节、丢弃等义的字，原作ᩈᩮᩢ᩠ᨿ（Sie），在若干年代以前，被简化为其训为纡缓、耽搁、歪斜的ᩈᩮ（Se），同时浓些ᩉ᩠ᨶᩬᨦᩈᩯ、猛些ᨾᩮᩬᨦᩈᩯ的ᩈᩯ，晚近亦被简笔作ᩈᩮ（民国初年尚通作ᩈᩯ），于是，近今学者，遂有人释猛些ᨾᩮᩬᨦᩈᩮ（Meeng Sie指昆明）为失城者。其实猛些是指大理，昆明应作猛些竜。再则傣泐

① 冯承钧译法国汉学家马司帛洛著之《宋初越南半岛诸国考》注二四中，亦译猛些为大（大理）之H0国。

文文法，作动词失义之 Sie（些），应置于名词 Meeng（猛）之前，失城应作 Sie Meeng（些猛）、Meeng Sie（猛些），义为大城，即大理，不可解释为失城也。

（Se）、（Sae）、（Sie）三字，汉语音译均作些（Sie），不过前一字的读音较短，后两字的读音略长而已。

大车里与小车里

车里有大小之分，始见于《招捕总录》[①]，但疆界不明，疑古代车里之疆域，远较清、民以来之领域为大，而分裂为二，似在元以前，近人有否定车里有大小之说者。

《招捕总录》载：元贞二年（西元一二九六年）十一月，车里蛮浑弄兴兵占夺砦甸十又三所，结构八百媳妇蛮，欲攻倒龙等，云南省遣兵招捕。大德元年（一二九七年），八百媳妇国与胡弄[②]攻胡伦，又侵缅国，车里[③]告急，命云南省以二千或三千人往救。二年（一二九八年）三月，小车里结八百媳妇为乱，经年不下，数遣使奉诏招之，不听。二年与八百媳妇国为小车里胡弄所诱，以兵五万，与梦胡龙甸土官及大车里胡念之子汉纲争地相杀，又令其部曲混干，以十万人侵蒙样等，云南省乞以二万人征之。

《元史》卷十六《世祖纪》，至元二十七年（一二九〇年）秋七月丙寅，云南阇力白衣[④]甸酋长凡十一甸内附。卷十九《成宗纪》：元贞二年十二月戊戌，立撤里军民总管府。云南行省臣言，大撤里地与八百媳妇犬牙相错，今大撤里胡念已降，小撤里复占厄地利，多相杀掠，胡念遣其弟胡伦，乞别置一司，择通习蛮夷情状者为之帅，招

① 此据广文书局印行之金山钱熙祚锡之校本。

② 胡弄即小车里浑弄之异译。

③ 此指大车里。

④ 阇力即车里，白衣即摆夷，亦即傣人。

其来附，以为进取之地，诏复立蒙样刚等甸军民官。

缅北元置为云远路军民总管府，明永乐初改孟养宣慰使司之孟养，一般人均呼为大猛养。位于景栋北约七十公里，孟琏南约六十公里之猛养，十二版纳方面，为别于景洪东北约二十公里之小猛养，亦呼之为大猛养，但其地较缅北孟养为小，应即为《招捕总录》所著录之蒙样，《元史》之蒙样刚也。按蒙样为猛养之异译，刚，中也，意即中猛养之谓，盖以其位于今景洪县东北之小猛养及位于缅北旧孟养军民宣慰使司之大猛养之间，同时其地面较孟养宣慰司地为小，而较小猛养为大，故被称为蒙样刚，即中猛养也。由此推知，位于今景栋北之猛养，在元大德间，为大车里之重地，亦可能是大车里之首府，所以八百媳妇令其部曲混干以十万人侵之。惜书缺有间，元廷诏复立之军民官之情形不明，无法作进一步之研究也。猛养南之景栋，旧称孟艮[1]，明永乐时置孟艮府，清乾隆间置为指挥使，即《招捕总录・八百媳妇传》中之木肯寨，八百有蛮酋浑乞滥居之。元仁宗延祐元年（一三一四年）正月，云南省曾命斛难甸达鲁花赤法忽剌丁至其地。元成宗大德间，尚与猛养之大车里处于敌对之地位，相距仅约七十公里，犬牙相错，八百尚未能将之囊括在其统治之下也。

《招捕总录》中之大车里，似在元以前即由车里分裂而出，其地应即今缅甸东掸邦之景栋地区，并包括划归法属之猛信，孟弄一带旧整欠土指挥地在内，其地较十二版纳为大，故元人称之为大车里，而称十二版纳为小车里。小车里可能意图规复，故结构八百媳妇攻大车里，使大车里降元自保。八百雄主披耶猛莱王时代，木肯塞为八百所据，蛮酋浑乞滥守之。“浑”亦译“坤”，其训为将、帅、首领、头目等，系官称，并非姓氏，乞滥为其名。猛莱王死后，八百一再有争夺王位之乱，驻守官兵撤走，木肯寨撤归大车里，建都耿冻，故至正七年（一三四七年）春正月，元置为耿冻路军民总管府。耿冻即景栋之异译，近今学者，认为耿冻即今属于江城县之整董，但整董仅车里宣

① 孟艮，蛮名孟揞，见《明史・孟艮土司传》。

慰使司所属一土把总地，无置为路军民总管府之条件。随又置耿当、孟弄二州。因原为车里地，明洪武十五年，俱省入车里，大小车里复合而为一。隆庆五年（一五七一年），车里宣慰使刀应猛时代之十二版纳，已不复包括有景栋地区在内，盖景栋已于永乐四年，被置为孟艮羁縻土府矣。孟艮于嘉靖间附于缅。车里折而入缅之后，又有大小车里之分，以大车里应缅，以小车里应中国。但此时应缅之大车里，应即指澜沧江西之六版纳，应中国之小车里，则为江东六版纳，与元代《招捕总录》所载大小车里之范围已不同。

活人界桩

《缅甸史》第二章注四："一世纪前，中缅交界处，在景东（Kengtung 亦作江东）与车里（Kenghung 亦作江洪）间之景罗（keng law）地方，经活埋二人，其一面北，其一面南。迨英人治缅后（清光绪十一年，西元一八八五年，英灭缅），乃以佛像二尊代之，背与背相对。"①

哈威《缅甸史》约成于西元一九一八——一九二五年之间，一世纪前，当道光初或嘉庆末年。景罗近译景洛，属佛海县（今改勐海县），与缅甸景栋（即景东）掸邦之猛麻小猛拉交界。

民国二十六年冬，著者衔命赴景栋与英方景栋监督爱文斯氏，会商佛海和景栋之界务时，曾访问景洛及猛拉两地居民，有关以前活埋二人及后来改埋佛像之经过以及地点，惜已无知者，言老一辈关心史事的人或有印象，但都已下世了！

景洛南览河渡口处，名曰打洛。"打"之训为渡口，即景洛渡口之谓，为交通缅甸东掸邦首府景栋之孔道，商旅往来，大都仅经过渡口而不进入景洛城子②。因此"打洛"之名甚著而景洛之名不显。今打洛已发展为一观光小镇，旅游十二版纳者，大都顺便到打洛一游，看看中缅之交的境况，很少有人谈到城子矣。

---

① 见民国三十六年五月上海商务印书馆印行的英人哈威（G. E. Harvey）著，姚枏译注的《缅甸史》上册七四页。

② 土司驻地大都称景，景之训为城，除景洪旧有周长三公里半的一座半月形砖城（已毁，一九四九年前城基犹存）及濠外，其他土司地并无城垣，仅有围篱，或并围篱亦无之，俗通称城子。

西双版纳与西藏之茶叶贸易

茶马古道与新茶路

驰名天下之普洱茶，即产于西双版纳之攸乐、华登、倚邦、莽枝、蛮专及慢撒六大茶山①。普茶显于何时，难于确考。明万历年间，谢肇淛在《滇略》中有“士庶所用，皆普茶也，蒸而成团”。是则普茶在明时已盛行。明末，方以智在其所撰之《物理小识》中有“普洱茶蒸之成团，西番市之”之语。正式道出普洱茶之名称，也提及制法，并说明销路。

《蛮书·管内物产第七》“茶出银生城界诸山，散收无采造法，蒙舍蛮以椒姜桂和烹而饮之”。又《南蛮疆界接连诸蕃夷国名第十》：“水真腊国、陆真腊国，与蛮镇南相接。”向达《蛮书校注》：“镇南节度，应即本书卷六南诏七节度中之开南，今景东是也。”又“元代之威楚开南等路，至明改为景东府，清为景东厅。”《嘉庆重修一统志》卷四百九十五《景东厅·建置沿革》云：“唐时南诏蒙氏立银生府于此。”是则《蛮书》中之银生、开南及镇南，均为景东县。其南界，据法人马司帛洛在《宋初越南半岛诸国考》：“案车里久列金城国（Xien

① 此据清乾隆三十年乙西赵学敏序而刊行之《本草网目拾遗》所引《南诏备考》之六茶山，《云南通志》同，檀萃于嘉庆初成书之《滇海虞衡志》，莽枝系莽芝，国学图书馆铅印本，莽枝作莽枝。阮福于道光中所写成的《普洱茶考》，以革登、倚邦、蛮砖、易武、架布、嶍崆为六茶山，《普洱府志》以攸乐、倚邦、莽芝、蛮砖、慢撒、易武为六茶山。

Sen）之版图者也，则金城国应与南诏接界，考《金城国纪年》，尚保存有其国隶属真腊时之遗事……”由此观之，吉蔑领地与南诏之国境相接。并考订南诏盛时之南境为威远睑南界诸山，认为应求其地于普洱或思茅两地之中。据《天下郡国利病书》：“兀良合台伐交趾，经车里降之。至元中置总管府，领六甸。其地东至落恐蛮，南至波勒蛮，西至八百媳妇，北至元江府，西北通孟连，由镇沅南行二日入其界，又二日至普洱，又六日至九龙江外之宣慰司。”观此，南诏镇南蛮之南境，至镇沅南行二日程而止，亦即威远睑南界诸山，再南则为真腊之领域，六大茶山未在境内，是以唐陆羽之《茶经》未载。且斯时尚无普洱之名[①]。

藏人嗜奶酪，不得茶则病，南诏与西藏境土相接，阁罗凤北臣吐蕃之后，臆者，藏人除采用巴蜀之荈而外，自必要求银生之茶以益之，但银生茶产不丰。斯时西双版纳虽不在银生节度管辖之下，而境土相接，西双版纳六大茶山所盛产之茶叶，可能由茶商贩运至银生，以供吐蕃之采购。即开启了西双版纳与西藏之茶叶贸易，惜史无明文。后来藏人自行到茶山或在思茅贩运，兼以特产及骡马易茶。民国十九年，更深入至佛海采购，完成了自拉萨至西双版纳六千多里漫长的茶马古道。自佛海至拉萨，为程六千七百零五华里，须时九十九日至百余日。此一茶马古道，沿途皆崇山峻岭，进行备极艰苦。且冬雪季节，藏境大部分地段，不能运输。自缅境公路延筑至弥迩佛海之景栋，于是有新茶路之开辟。由佛海马程六日至景栋，又汽车二百至海和，又三日火车至缅京仰光，又三日船运至印度加尔各答，又二日火车至西里古里，又一曰缆车至喀仑埠，又十八日马程至拉萨，交通线共长七千六百四十二华里，虽较古茶道增多了九百五十七华里，但其中有六千二百五十七华里系利用现代的交通工具，费时仅十一日，运送快捷，费用远较骡马驼运费为低，且全程仅三十五日即达，可以减免人马六十余日之艰苦跋涉，茶价降低，为藏人所欢迎。兹将茶马古道之

① 元时车里始入版图，元《招捕总录》之部日，明代方名普洱。

途程及新茶路之交通状况分别为表于后，以供参考：

一、茶马古道[①]

起站	迄站	里数	马程日数	备注	起站	迄站	里数	马程日数	备注
猛海	车里	一〇〇里	马程二日		车里	思茅	三二〇里	马程五日	
思茅	普洱	一二〇里	马程二日		普洱	镇沅	二七〇里	马程四日	
镇沅	景东	三五〇里	马程六日		景东	蒙化	二六〇里	马程四日	
蒙化	大理	一三〇里	马程二日		大理	丽江	四〇〇里	马程五日	
丽江	维西	四五〇里	马程六日		维西	叶枝	二五〇里	马程四日	
叶枝	阿墩子	三九〇里	马程五日		阿墩子	江卡	五〇〇里	马程七日	江卡今宁静县
江卡	察雅	六〇〇里	马程八日		察雅	昌都	四五〇里	马程六日	
昌都	恩达	一八〇里	马程三日		恩达	洛隆宗	二五五里	马程四日	
洛隆宗	硕督	一四〇里	马程二日		硕督	边坝	二五〇里	马程四日	
边坝	阿蓝多	二二〇里	马程三日		阿蓝多	拉里	二五〇里	马程四日	
拉里	江达	三〇〇里	马程五日		江达	鹿马岭	一四〇里	马程二日	
鹿马岭	乌苏江	一三〇里	马程二日		乌苏江	拉萨	二五〇里	马程四日	

以上由猛海至拉萨陆路共长约六千七百零五华里，须时九十九日至百余日。

---

① 民国十九年，藏人至佛海购茶运藏时，曾探询由拉萨至猛海里程宿站等情形，留有记录，但已付劫灰。兹表所记，系参考《新纂云南通志》《中印国界研究》及吴忠信《入藏报告》而成。

二、新茶路

起站	讫站	里数（华里）	马程日数	备注	起站	讫站	里数（华里）	马程日数	备注
猛海	猛混	三五	马程一日		猛混	猛板	六四	马程一日	
猛板	打洛	五六	马程一日		打洛	曼西里猛	五二	马程一日	
曼西里猛	打丙	四八	马程一日		打丙	景栋	七五	马程一日	
景栋	打各	三六一	汽车一日	一一二哩	打各	海和	五八九	汽车一日	一八三哩
海和	仰光	一三〇〇	火车三日	四〇四哩	仰光	加尔各答	二九一二	轮船三日	七八七哩
加尔各答	西里古里	九九八	火车二日	三一〇哩	西里古里	嵑仑埠	九七	缆车一日	三〇哩
嶱仑堡	北洞	六〇	马程一日		北洞	春邳	四〇	马程一日	
春邳	则路	四〇	马程一日		则路	客若	四五	马程一日	
客若	竹莫	六〇	马程一日		竹莫	帕热	四五	马程一日	
帕热	夺竟	八〇	马程一日		夺竟	司马达	五〇	马程一日	
司马达	江孜	五〇	马程一日		江孜	谷喜	六〇	马程一日	
谷喜	春堆	五〇	马程一日		春堆	杂拉	六〇	马程一日	
杂拉	嶱纳则	七五	马程一日		嶱纳则	北地	六〇	马程一日	
北地	扎马绒	六〇	马程一日		扎马绒	曲水	五〇	马程一日	
曲水	宜党	九〇	马程一日		宜党	拉萨	八〇	马程一日	

以上由猛海至拉萨之新茶路，约七千六百四十二华里，仅须时三十五日。

吴哥窟

闻名于世，被誉为古代东方四大奇迹之一的吴哥窟（Angkor Wat）[①]，位于柬埔寨北部，距离首都金边（Phnom Pen）三百十四公里的暹粒省暹粒市（Siem Reap）的北边约六公里，为西元八〇二—一四三一年，吴哥王朝的都城。在九世纪至十五世纪初叶，吴哥王朝是真腊的极盛时代，其版图东际南海，南至马来半岛，西接缅甸，北界南诏，是东南亚地区的强国之一。吴哥王室动用了大量的人力物力，从事无数规模宏大之建筑，为国都增色，国力因之虚耗。十三世纪初，王国国势渐衰，一二三八年，西部地区泰人崛起，击走真腊在速古台之统治，建立速古台王国，并不断向真腊用兵。一三七八年，南方泰人的阿瑜陀耶王朝，击降速古台后，更严重威胁真腊，两国经常发生战争。一四三一年，泰军大举进攻吴哥城，围攻七月，卒被攻陷，城内被洗劫一空，并遭破坏。国王昙摩索迦（Tammasok）薨于围城期间，一说被杀。其子庞哈雅特（Ponhayat，1432—1459）继立，以面临强敌，防守困难，乃迁都金边。于是吴哥王城，遂任其荒芜。

吴哥大规模的建设，历时三百余年。建筑艺术风格和反映的宗教内容，有印度教崇奉的湿婆毗湿奴诸神以及大乘佛教崇奉的观世音菩萨。

吴哥荒废之后，其中宏伟壮丽的建筑群，被热带丛林所淹没。年

① 其他三大奇迹是：埃及金字塔、中国的万里长城、印度尼西亚的婆罗浮屠。

湮代远，竟被后代的人们所遗忘，柬人咸言其中有魔鬼，没有人敢进入其中一探究竟。十九世纪初，元人周达观于元成宗二年（一二九六年），随招谕使赴真腊，次岁撰写的《真腊风土记》，被法国汉学家雷慕沙（A. Remusat），于一八一九年译成法文，发表于该年在巴黎出版的《旅行新志》。若干年后又收入在巴黎出版的《新亚洲论丛》。但没有人相信有这个古城的存在。直到一八六〇年，法国博物学家亨利蒙科（Henri Monkot），根据《真腊风土记》的记载，到吴哥探险，在被森林丛莽淹没的一片废墟中，果然发现了规模宏大，壮丽无比的吴哥古迹。次年，发表游记，才揭开了埋没四百多年，在森林丛莽中的古城，依然存在，使许多人慕名而来，于是吴哥古迹，遂闻名于世。同时《真腊风土记》一书，也备受世人所重视。一九〇二年，法国汉学家伯希和（P.Pelliot），把《真腊风土记》重新翻译，并将原文加以校勘和注释，发表在河内出版的《远东法国学校校刊》上，一九三一年，我国学者冯承钧译成中文，以《真腊风土记笺注》，收入《史地丛考续编》，始引起国内学者之注意。先后有陈正祥的《真腊风土记研究》、金荣华的《真腊风土记校注》及夏鼐的《真腊风土记校注》等著作出版。

吴哥古迹的发现，经过清理和修复，又重新成为举世著名的胜迹。其建筑群，估计共有大小六百余座，散布在大约四十五平方公里地面。从九世纪至十二世纪，累积四百年的经营成果，有些建筑物成为废墟，现就其著名者，简述于后：

一、吴哥寺

吴哥寺（Angkor Wat），又称吴哥窟，也有叫作小吴哥的。吴哥一名，是《真腊风土记》作者周达观就其温州语的音译，沿用迄今垂七百年，故仍之。国语音译应作昂哥瓦，近人多译为安哥。位于吴哥城的南面，是真腊吴哥王苏利雅跋摩二世（Suryavarman Ⅱ，1113—1150）在位时，建来祀印度教的毗湿奴者。他死后亦葬于寺内，所以周达观著录为“墓”。《真腊风土记》城郭：“鲁班墓，在南门外一里许，周围可十里，石屋数百间。”记中所谓的鲁班墓，即指吴哥寺而言。《殊域周咨录》称为鲁般寺，言墓言寺，各有所据，亦有陵庙之名。至于鲁班或鲁般，当原自侨居该地唐人附会的俗称，余两次旅柬，均被指称为鲁班庙也。

吴哥寺是吴哥地区最为宏伟壮观的建筑，占地约四万平方公尺，全部建筑物都是用石块重叠砌成。寺的主体是五座尖塔，建筑在一个石砌的台墓上，台基分为三层，最上一层中央的一座尖塔，最为高大，耸立地面六十五公尺。其余四座尖塔较矮，建筑在第二层台基的四角，最下一层台基深一八七公尺，广二一五公尺，每层台基的四面，都有石砌的回廊围绕着，周约八百公尺，回廊石壁高约二公尺许，刻满人物浮雕，回廊有屋顶覆盖，风雨不侵，浮雕至今保存完好。浮雕的题材，大多取自印度史诗《罗摩衍那》（Ramayana）和《摩诃婆罗多》（Maha bharata）中的神话故事。东回廊浮雕是“乳海翻腾”的传说，叙述印度教的万物之主毗湿奴与恶魔战斗的情形。北回廊是毗湿奴与天神交战的情形。西回廊是描写猴神助罗摩与魔鬼作战的情形。南回廊西组，是刻绘苏利雅跋摩二世骑象领军出战图；南回廊东组，是幅地狱形象图，描绘善恶因果报应，受苦的形象及得善报的形象。也有描写当时国王和人民生活的图形。这些浮雕，所镌刻的人物，形象逼真，精美绝伦。回廊盖顶当檐处，每隔一公尺五六。即有一石柱支撑，远远眺望，就像一间间小屋排列着，周氏所言“石屋数百间”，似即指此。

吴哥寺的四周，有巨濠环绕，濠宽一九〇公尺。绕濠一周，长五六〇〇公尺。元承宋制，宋三司布帛尺一尺，当〇点三一二公尺，以布帛尺计，合九点九七里强，周氏言“可十里”，是相当切近的。吴哥寺四面都有入口，各有一门，而以西门为正门。正门筑有宽敞的大石桥跨越巨濠。桥两侧以石雕的九头巨蟒[①]为栏杆。过了巨濠上的

① 巨蟒，巴利语作 Naga，柬人认为神圣之蛇。泰语作 Nag，泐语作 Nak，视如中国之龙。

石桥，即为吴哥寺外围的两道石砌围墙。外围墙西面的正门，门楼壮丽，上有三塔。门楼之内，是一大广场，可容数千人。东行沿着一条长达三四七公尺的大道，便达内墙的入口。大道两侧各有一个藏书室及水池。内围墙深二七〇公尺，宽三四〇公尺。经由内围墙一个十字形平台的后边，有三道门直通寺塔。

二、吴哥城

吴哥城（Angkor Tom），近人译作安哥通。Thom之训为大，因有大吴哥之称，《诸蕃志》作“禄兀”[①]。是吴哥王朝的都城，亦即周达观在《真腊风土记》中所谓的“州城”。为十二世纪后半叶，阇雅跋摩七世（Jayavarman Ⅶ，1181—1219）时所建。城墙全用石块构筑，高七公尺，厚三点八公尺，城门也是用巨石砌成，城为正四方形，每方三公里，周围长十二公里，合宋三司布帛尺制二十一里有奇，与周氏所记“可二十里”，颇相近。城外环绕巨濠，濠宽约百公尺，濠之上有阔约十五公尺的石桥五座，交通五道城门。桥之两侧各有石刻巨蛇一条，蛇皆七头昂举，各由二十七尊石刻神像挽持着，作为石桥的栏杆。五道雄伟的城门，各高约二十公尺，门各两重，惟东向开二门，余向开一门。东西南北四门皆有大道，直通向城中心的巴戎寺，靠北的另一东门大道，通至御苑的胜利门。各门筑有三座石塔，每一座塔的四面皆雕刻有观音菩萨像，面含笑容，凝视四方。城门两侧，各置一巨大的三头石象，长牙着地，长鼻伸向莲花作卷取状，逼真生动。阇雅跋摩七世，除在都城的中央建筑巴戎寺外，又兴建王宫及几座石庙以及石塔，把吴哥建筑为一个宏伟壮观的都城。此外他还进行一些公共事业，在全国各地兴建一〇二所医院和一二一家客馆。吴哥城中的主要建设有：（一）巴戎寺，（二）巴旁寺，（三）御苑包括空中宫

①Angkor，何以译为“禄兀”，不知原自何地的方言，尚待探讨。法人伯希和撰的《诸蕃志校注》正误有四五百字说明，似仍未洽。

殿等。

（一）巴戎寺（Bayon）亦作巴扬宙，意为中山，位于吴哥城的正中，据说是象征宇宙的中心。《真腊风土记》中所言："当国之中，有金塔一座，傍有石塔二十余座，石屋百余间，东向有金桥一所。"即指今之巴戎寺。金塔即寺之主塔，高约四十五公尺。其周围之石塔，代有增建，今已不只二十余座。寺正门东向，门前有大池，池上有宽广平直的石桥，接东向大道，即所谓"东向金桥"也。建筑金塔和石塔的台基分两阶层，两层四周都有浮雕回廊，当即周氏所言之石屋。下层台基高出地面约一公尺，深一四〇公尺，广一六〇公尺；上层高出下层台基二点五公尺，深七〇公尺，广八〇公尺。台基上有石塔四十八座围绕着当中的金塔，但今已不见贴有金箔，盖年久剥落矣。据说金塔内原有一尊高四公尺多的佛像，是阇雅跋摩七世自己的形象云。巴戎寺的石塔数，据说原有五十二座，毁掉三座；亦说原有五十四座，毁掉五座。每座石塔的四面，都雕刻有观世音菩萨象，面含微笑，凝视四方。巴戎寺的回廊石壁上浮雕，有神话故事、国王事迹、人民生活、市场情形、舞娘形像、狩猎图及斗鸡图等，大都是高浮雕。惜有些建筑物已经塌毁，不如吴哥寺保存完整。

（二）巴旁庙（paphuon），亦译巴芳寺，或作巴普昂庙，又称金角寺，即《真腊风土记》中所言"比金塔更高"，望之郁然的铜塔。位于巴戎寺之北微西一里许，空中宫殿（Puimeanakas）之南四百公尺处，建于十一世纪中叶。据考古学家研究，所谓铜塔，可能是一座木塔，高五十公尺，外包以铜，但已毁无存。现仅遗三层石砌台基及中心的塔基。台基高二四公尺，底层深九〇公尺，广一二〇公尺，四周有回廊，当即周氏所言之石屋。回廊壁上，刻有大量的小幅浮雕，取材于《摩诃婆罗多》及《罗摩衍那》两史诗故事，刻工精美而细致。

（三）御苑，《真腊风土记》中所言：在金塔金桥（指巴戎寺）之北，近北门，周围可五六里之国宫，即指今之御苑。在铜塔（巴旁庙）北一里许的国王之庐，即指御苑中之王宫，亦即雅所跋摩一世（Yasovarmani，889—900）所建之空中宫殿。惟国王之庐，包括寝室，金塔及莅事处的建筑物，均已毁无存。现存的建筑物是一座三阶层的高台，台高约十二公尺，基部深二十八公尺，广三十五公尺。平台四周建有回廊，顶层中央有十字形塔基，即已毁的金塔的基座也。

三、巴肯庙

巴肯庙（Bakheng），建于九世纪末，即《真腊风土记》所言："在南门外半里余"之石塔。石塔位巴肯山顶，山高六十余公尺，原系雅所达罗都城（Yasodhara-pura）之中心，后因改建吴哥城，位置变动，居于城外之左侧。庙基为一高台，约十三公尺，分为五层，高台上建有五座砂岩砌成的尖塔。在高台的四周有砖塔三十六座，又其上每层各有小塔十二个。台基每边中央有一道阶磴，阶磴的两侧置有石狮。

四、东池

东池（Yasodharatataka），在吴哥城东，暹粒河南及东岸，是一人工湖，凿于雅所跋摩一世时代，贮蓄河水，供给都城及灌溉农田之用。池长约七公里，阔约二公里，周十七公里余，约合宋三司布帛尺制三十二里。周达观谓其"周围可百里"者，极言其广大耳。但今池水已涸。在罗阇因陀罗跋摩（Rajendravarman，944—968）在位时，在东池的中央，建造一座塔庙，称为东弥朋（East Mebon）庙，于九五二年完成，祀湿婆神。这里还有一头用块巨石雕刻的石象，象身上刻有精美的饰物。周氏所记"塔之中有卧铜佛一身"。已不见。

五、西池

西池（West Baray），周达观《风土记》中未曾述及。在吴哥城西一公里处，面积较东池为大，长七公里，阔二公里半，周围长十九公里，合宋三司布帛尺制三十四里弱。凿于乌迭蒂雅跋摩二世

（Udayadit-Yavarman II，1050—1066）及赫萨跋摩三世（Harshavarman III，1066—1080）时代。迄今仍可蓄水，用于灌溉。西池中央，建有西弥朋（West Mebon）塔庙，成于十一世纪，祀毗湿奴。石塔方形，建于方形平台之上，凡五，中央之塔为主塔，四角各有一塔，高一又四分之一公尺。

六、北池

北池（Preah ReachDak），在吴哥城东北，距北门约三公里，合五里许，面积约当东池之半，位于神剑庙（Prah Khan）正前方，因亦名神剑池，唯池水久涸，池底演为平原，池中小岛亦成为土丘。丘上有方池五：居中者七十二公尺见方，最巨，四边各有一小池，堤上有石龛，当为周氏所言之石屋。中央方池中有圆台，正中建有高可八公尺之方塔，祀观世音，即周氏所记之“金方塔”也。圆台外缘有二大石蟒蟠绕。因有蟠蟒之称。中央方池中有大石马一，他如金狮子、金佛、铜象、铜牛、铜马之属，皆已无存。

七、班台斯利神庙

班台斯利神庙（Banteay Seri），建于十世纪中叶，至九六八年完成。位于吴哥城东北二十余公里，是一座精美的石庙，建筑材料以石为主，以砖为辅。相传该庙为妇女所建，寺内又有许多妇女雕像，因又有“女王宫”之名。宫广约二百公尺，深约一百公尺，中心为三座并列的塔形神祠，四周围墙设有石门，门上刻有精美的浮雕，门楣上有三角形的撑板，雕刻精美华丽。石刻浮雕有神像，图案花纹，以及神话故事。在台阶上安置有狮首人身像。

八、塔普隆寺及普拉坎寺

塔普隆寺（Ta Prohm），位于东池之西南，是阇雅跋摩七世于一一八六年，建来祭祀他的母亲，碑文记载：这座寺，当年费了八万人工，所用金箔重达五吨，极为巍峨壮丽。寺中住有十八名高僧，二七四〇名主祭师，二二〇二名寺僧，和六一五名舞者，共五五七五人的食物和用度，国王规定由三一四〇个乡村的税收来维持，八万人工为寺庙服劳役。而在宗教仪式上的花费数目，更为惊人，其中包括：黄金白银各十万两，铸成重约五吨的金银碗各一只，大钻石三十五颗，珍珠四万六百二十颗，宝石四千五百颗，大型金钵一只，中国式屏风九百六十七件。此外还有伞（华盖）五百二十三把，上等卧榻五百十二张，每天供佛还需要大量的大米、奶酪、蜂蜜、糖、油、腊、樟脑、檀香木、袈裟等。每逢斋期，供应额外增加。一一九一年，他又在紧接北池之西，达普拉坎寺（Prah Khan），亦名神剑庙，祭祀他的父亲。此寺大部分已经倾毁，四周围墙共长约三公里，外绕以四十公尺宽的河沟。河水与当时的北池相通。寺前之东门路旁排列一行巨石人。（本章部分参采乐观法师提供之资料）